Günter Schlosser

Johannesburg –

Traum oder Albtraum des Neuen Südafrika

Weitere Informationen über den Verlag und sein Programm unter
www.buchmedia.de

2. Auflage Juli 2012
© 2010 Buch&media GmbH, München
Umschlaggestaltung: Kay Fretwurst, Freienbrink
Foto: iStockphoto
Herstellung: Books on demand, Norderstedt
Printed in Germany · ISBN 978-3-86520-372-4

Für Alexander und Michael

INHALT

Warnung an den Leser · 9

Widerlegung eines Vorurteils · 11

Johannesburg damals · 17

Johannesburg heute · 27

Johannesburg morgen · 89

Alles ist möglich · 113

Anmerkungen · 115

Warnung an den Leser

Wer dieses Buch liest, wird vergeblich nach einer Orientierung suchen, um sich in Johannesburg zurechtzufinden: Dafür gibt es Reiseführer und Stadtpläne, die trotz ihrer regelmäßigen Neuauflage Schwierigkeiten haben, mit dem Wachstum der Stadt Schritt zu halten.

Wenn die eigene Ortsbestimmung Johannesburgs nicht genau so schnell überholt sein soll wie die Kartografie der Stadt, sollte man sich an anderen Dingen als an Straßennamen oder Gebäuden orientieren, die vielleicht morgen schon nicht mehr da sind oder anders heißen mögen. Wer zwei Jahre lang nicht hier gewesen ist, erkennt die Stadt nicht wieder. Johannesburg ist gleichsam die städtische Verkörperung des Wandels und der Veränderungen, die in Südafrika stattgefunden haben und noch immer in vollem Gange sind.

Es ging mir bei meinen Erkundungen Johannesburgs deshalb weniger um Sehenswürdigkeiten, die es kaum gibt, als darum, das Unsichtbare zu würdigen, mehr um eine Psychologie als um eine Topografie der Stadt. Ich wollte wissen, was mich an dieser Stadt so fasziniert, dass ich nach drei Raubüberfällen noch immer nicht von ihr loskomme.

Wenn Geschichte das Fluidum einer Stadt ausmacht, dann hat Johannesburg kein Fluidum. Mit 124 Jahren (Johannesburg wurde 1886 gegründet) hat man als Stadt noch keine Geschichte, allenfalls eine Vergangenheit. Hier bleibt kein Stein lange genug auf dem anderen, um Geschichte anzusetzen. Das undefinierbare Zusammenwirken von Geschichte, Kultur und städtischem Leben beispielsweise einer Stadt wie Paris, kann es also nicht sein, was mich an Johannesburg reizt. Das traumhafte Wetter ist kein Ersatz für das Fluidum einer Stadt. Selbst Atmosphärisches als meteorologische Ursache von Stimmungen gibt es hier kaum.

Hier ist es gefährlich, sich Stimmungen hinzugeben, der Apartheid nachzutrauern oder in ihr den Grund aller Übel von heute zu sehen. Nicht zurückzublicken ist gewissermaßen eine Frage des Überlebens, eine Art erworbener Instinkt aus den Tagen der Goldgräberzeit. Wer hierherkam, um reich zu werden, hatte seine Vergangenheit hinter sich gelassen.

Die Vergangenheitslosigkeit Johannesburgs ist auch heute noch das auffälligste Kennzeichen der Stadt. Hier herrscht vor allem der Übermut des Neuanfangs. Es ist diese Mischung aus permanenter Aufbruchsstimmung und Zukunftsgläubigkeit, in der der Geist der Stadt, diese unerschütterliche Lebensbejahung und -zuversicht, ihren Ursprung haben.

So etwas wirkt ansteckend und erklärt die Faszination Johannesburgs. Es ist das spezifische Fluidum der Stadt, dem sich niemand entziehen kann. Auch wenn die Stadt keine Geschichte im üblichen Sinn von Historie hat, so wird doch in ihr die Geschichte Südafrikas entschieden; nicht aufgrund von Gesetzen, die in Kapstadt verabschiedet werden, sondern anhand einer gesellschaftlichen Entwicklung, die in Johannesburg stattfindet und an deren Erfolg oder Misserfolg sich erweisen wird, inwieweit unsere *Rainbow Nation* (1) eine Zukunft hat. Johannesburg ist sozusagen das Pilotprojekt für das gesellschaftspolitische Experiment einer Fusion von Erster und Dritter Welt, für die Verwirklichung des Traums vom Neuen Südafrika (2).

Widerlegung eines Vorurteils

Johannesburg ist nicht schön, das muss selbst zugeben, wer wie ich gerne in dieser Stadt lebt. Es verhält sich jedoch mit der Schönheit Johannesburgs wie mit dem Aussehen einer faszinierenden Persönlichkeit: Beide sind viel zu interessant, als dass man ihr Äußeres noch wahrnimmt. Ihre Ausstrahlung ist so stark, dass die äußere Erscheinung darüber nebensächlich wird und selbst Schönheitsfehler etwas Reizvolles und Liebenswertes gewinnen.

Johannesburg hat viele solche Schönheitsfehler. Die Abraumhalden der Minen zum Beispiel, die rings um Johannesburg tafelbergartige Burgen wie Wehrtürme einer Stadtmauer bilden. Sie sind das Erste, was man aus dem Flugzeug im Anflug auf Johannesburg von der Stadt wahrnimmt. Vielleicht sind sie deshalb für viele so etwas wie eine Art Wahrzeichen von Johannesburg. Da sie auf den ersten Anblick nicht gerade schön sind, haben sie zu dem weit verbreiteten Vorurteil beigetragen, dass Johannesburg hässlich sei. Wie so oft täuscht auch hier der erste Eindruck.

Die sogenannten *Mine Dumps* sind keine Schandflecken der Stadt, sondern Zeugen einer Vergangenheit, aus deren Mühen sie hervorgegangen sind. Als Wahrzeichen der Stadt versinnbildlichen sie gleichsam die Wehen ihrer Entstehung. Sie verkörpern im Übrigen die Umweltsünden Johannesburgs aus einer Zeit, als es noch kein Umweltbewusstsein gab; Altlasten stillgelegter Goldminen, die jetzt eine nach der anderen systematisch abgetragen werden. Die Entsorgung der *Mine Dumps* verdankt sich jedoch nicht etwa einem Sinneswandel zugunsten eines geläuterten Umweltbewusstseins, noch ist es der Glaube, der hier Berge versetzt, sondern der gleiche Fluch, der diese Halden hat entstehen lassen, lässt sie jetzt wieder verschwinden: die Gier nach dem Gold.

Man wusste schon immer, dass in diesen Halden noch erhebliche Goldmengen lagern. Trotz der beeindruckenden Leistung der sogenannten Stampfmühlen, die in den Anfangszeiten des Goldbergbaus das goldhaltige Gestein in kleinste Partikel zertrümmerten, blieben bis zu 10 % des gewonnenen Goldes in dem Geröll und Schlamm der Abraumhalden zurück. Seit vor mehr als 30 Jahren ein Verfahren entwickelt wurde, das den Traum von der Ausscheidung dieser Goldrestbestände Wirklichkeit werden ließ, sind die *Mine Dumps* erneut Auslöser für eine Art Rückfall in das Goldfieber von einst geworden. Es ist, als würde ihr Inneres wie das der Erde beim ersten Mal ein zweites Mal ausgeweidet; nicht nur um Gold geht es dabei, sondern auch um das frei werdende Land, das als Bauland für Industrie- und Wohnungszwecke fast genauso wertvoll ist. (1)

Während der Leser dies liest, transportieren schwere Laster ununterbrochen das Geröll und den Schlamm dieser Halden zu den Spezialanlagen der East Rand Gold Operations (ERGO) (2) sowie der Crown Mines Recoveries (3), wo sie ihr restliches Gold wie eine letzte Ersparnis an die menschlichen Ausbeuter abgeben. Bald wird nichts mehr von den *Mine Dumps* zu sehen sein. Ihr Wahrzeichen, das uns wie die mühsam angepflanzten Bäume und Sträucher an ihren Hängen langsam ans Herz gewachsen war, wird verschwinden und Johannesburg um eine Attraktion ärmer machen.

Wer für die Schönheit Johannesburgs in Gestalt der *Mine Dumps* nicht so empfänglich ist, kann sich an die weniger fragwürdigen Beispiele halten, deren Schönheit unbestritten ist, zum Beispiel an die Parks. Es gibt fast so viele davon wie *Mine Dumps*. Obwohl einige unter ihnen von deutschen Einwanderern gestiftet wurden, sind sie in ihrem Charakter englischer Landschaftsgärten Zeugnis des Einflusses, den England nicht nur auf die Parks von Johannesburg hatte. Wenn man am Wochenende im Botanischen Garten oder in den *Wilds*, am Zoo-Lake oder im Rhodes Park von Kensington spazieren geht, dann könnte man meinen, irgendwo in London, im Hyde Park oder in Hampstead Heath, zu sein. Die Tradition englischer Gartenkultur setzt sich dabei ebenso in den unzähligen privaten Gärten fort, die ihr gepflegtes Aussehen dem typisch englischen Hobby ihrer Eigentümer, der Lust am sogenannten *Gardening*, verdanken. Diese Gärten sind kein Luxus, sondern die hält sich hier jeder wie in Europa die Blumenkästen vor dem Fenster oder die Pflanzen auf dem Balkon. Sie sind der Ausdruck eines Lebensstils, bei dem die Außenanlage so wichtig und gepflegt ist wie die gute Stube in Deutschland.

Die Vielfalt der Gärten und Parks sowie der 35 Golfplätze, die über die Stadt verstreut sind, bewirkt, dass Johannesburg trotz der Umweltbelastung als wirtschaftliches Ballungszentrum über eine gesunde natürliche Lunge verfügt. Ich kenne keine andere Stadt ähnlicher Größenordnung, die so grün und bewachsen ist wie Johannesburg, und das, obwohl die Stadt keine natürlichen Gewässer hat. Wenn man von der Innenstadt kommend auf der M 1 Richtung Sandton über eine kleine Anhöhe fährt, von wo aus die Straße leicht abfällt, dann erstreckt sich, etwas tiefer gelegen, die Stadt bis weit nach Norden wie ein einziger großer Park, aus dem zur Zeit der Jacarandablüte wie auf einem impressionistischen Bild blauviolette Farbtupfer hervorstechen, die den Eindruck erwecken, als habe die Stadt sich große Veilchensträuße angesteckt.

Zahlenmäßig gesehen hat Johannesburg mehr Jacarandabäume als Pretoria, das für seine Jacarandablüte berühmt ist. Jetzt droht diesen Bäumen das gleiche Schicksal wie den *Mine Dumps*, seit einige fundamentalistische Afrikanisten in der Regierung sie als artfremde Eindringlinge aus Afrika verbannen möchten. Wie ganz anders hatte sie Mandela noch in seiner berühmten Rede über die *Rainbow Nation* als Symbol für die Vielfalt und Verschiedenartigkeit der Menschen in diesem Land gefeiert! Noch gehören sie zu den Schönheiten Johannesburgs, und wenn im Oktober zur Zeit ihrer Blüte ganze Alleen davon ein Spalier aus leuchtend blauen Laternen bilden, dann verströmt ihre Farbe ein solch magisches Licht, dass man meinen könnte, in einem Kreuzgang der Kathedrale von Chartres zu stehen. Ich kann nicht verstehen, wie ich selbst angesichts solcher Beispiele behaupten konnte, Johannesburg sei nicht schön.

Das Schönste jedoch an Johannesburg ist das einzig Natürliche dieser Stadt: das Wetter. Meteorologisch gesprochen befindet sich die Stadt in einem ständigen *High* aufgrund eines nahezu stationären Hochs über dem sogenannten Highveld (4). Eigentlich ist das Highveld berühmt für seine Beschaffenheit unter der Erde, für die vielen Bodenschätze und Goldvorkommen, die zu den größten in der Welt gehören. Ihnen verdankt Johannesburg seine Existenz, seinen Namen *Egoli* (Stadt des Goldes) sowie seine Bedeutung als wirtschaftliche Hauptstadt Südafrikas. Es ist jedoch die Beschaffenheit über der Erde, wodurch das Hochplateau des Highveld als eine Art Wetterscheide Johannesburg dieses traumhaft schöne Wetter beschert.

Anders als bei der Kriminalität, wo die Stadt einen führenden Rang in negativem Sinn behauptet, genießt Johannesburg, was das Wetter angeht, den Ruf, das beste Klima unter den Großstädten dieser Welt zu besitzen (5). Im Sommer schwanken die Temperaturen zwischen 15 und 25 Grad Celsius. Aufgrund der Höhenlage von Johannesburg sind selbst Temperaturen bis zu 32 Grad noch gut zu ertragen. Im Übrigen kühlt es am Nachmittag meistens ab, wenn die üblichen Gewitter niedergehen und Johannesburg sein natürliches Feuerwerk abbrennt. Das sind keine Gewitter wie in gemäßigten Zonen, wenn auf jeden Blitz in gesittetem Abstand der Donner folgt, sondern hier bricht, wenn es gewittert, wie in einem amerikanischen Actionfilm der reinste Bühnenzauber los. Das geht wie im Film Schlag auf Schlag und dauert ungefähr genauso lang. Danach kommt meistens noch einmal die Sonne durch; anschließend ist die Luft wie reingewaschen, nur ein paar Grad kühler – genau richtig für die Nacht.

Im Winter ist das Wetter genauso schön, nur in etwas anderer Form. Die Temperaturen sinken tagsüber auf 20 bis 15 Grad und nachts auf 10 bis 7 Grad manchmal sogar unter null Grad. Vier Monate lang fällt kein Tropfen Regen, und der Himmel ist wolkenlos blau wie auf einem monochromen Gemälde von Yves Klein (6). Das heißt, dass wir im Winter aus der Sicht der vom Wetter weniger begünstigten Besucher oder Urlauber so etwas wie einen permanenten Sommer haben. Bei solchen Witterungsverhältnissen weiß man als Einheimischer selbst nicht mehr, welche Jahreszeit einem lieber ist.

Wenn überhaupt an diesem Wetter etwas auszusetzen ist, dann die zu kurz bemessene Zeit der Übergänge von Sommer auf Winter und umgekehrt, das heißt der stimmungsträchtigen Jahreszeiten Frühling und Herbst. Man muss schon etwas länger hier gelebt haben, um die winzigen atmosphärischen Veränderungen zu bemerken, wenn im Herbst am frühen Morgen die Luft etwas kühler und der Himmel etwas blasser ist, oder wenn im Frühling, bevor der erste Regen fällt, einem der Duft des Jasmin aus allen Gärten entgegenschlägt, um darin die Anzeichen einer eigenständigen Jahreszeit und der für sie typischen Stimmungen zu erkennen.

Johannesburg lässt keine Stimmungen zu, außer für die kurze Zeit der Sonnenauf- und Sonnenuntergänge, wenn der Smog aus den Paraffinöfen in Alexandra und Soweto ein diffuses Licht über der Stadt verbreitet und die ersten oder letzten Strahlen der Sonne sich darin brechen. Die Luftverschmutzung ist gerade noch so, dass man ihren Verzauberungseffekt zur Zeit der Dämmerung ohne Gesundheitsgefährdung genießen kann. Der Himmel ist dann von einer solch überwältigenden Farbgebung, dass man gerne bereit ist, ein paar Abgase dafür in Kauf zu nehmen. Es ist die Geisterstunde der *Heure Bleue* von Paris, in der Städte ihren jeweils eigenen Zauber vollführen. Fährt man um diese Zeit von Osten kommend auf der M 2 in die Innenstadt, dann erscheint die Skyline von Johannesburg wie ein Scherenschnitt als dunkle Silhouette vor dem Hintergrund des topasfarbenen Himmels, in dem wie ein chinesischer Lampion dunkelrot die Sonne hängt. Es ist ein Schauspiel, wie es faszinierender auch San Francisco oder New York nicht inszenieren können, wenn sich dort die auf- oder untergehende Sonne in den Glasfassaden der Hochhäuser spiegelt.

Es soll hier nicht so getan werden, als gäbe es nur Sonnen- und nicht auch Schattenseiten Johannesburgs: die Wellblechhütten von Alexandra (7) oder die *Squatter Camps* (8) von Orange Farm (9), die Verwahrlosung von Teilen der Innenstadt oder die Trostlosigkeit der neuen Wohnsiedlungen in den Randgebieten der Stadt. Es sind die Hässlichkeiten aller Großstädte, die sich meist in den Außenbezirken, den *Banlieues* (10) oder den *Favelas* (11) als Nebenwirkung unkontrollierten Wachstums breitmachen.

Wie alle großen Städte zieht auch Johannesburg die Missgunst der kleineren wie beispielsweise den Neid von Kapstadt auf sich. Sie alle möchten durch Schönheit wettmachen, was ihnen an Größe und Bedeutung fehlt. Dabei berufen sie sich auf ihre ältere Geschichte, ihre schönere Umgebung oder ihr geschlossenes Stadtbild, um Johannesburg im Vergleich dazu als hässlich erscheinen zu lassen. Was immer Johannesburg an urbaner Schönheit fehlen mag, der Attraktivität der Stadt tut es keinen Abbruch; was zugegebenermaßen hässlich ist, wird durch entsprechende Gegensätze wieder aufgewogen. Es sind nicht zuletzt diese Gegensätze, die ähnlich wie in New York den Reiz Johannesburgs ausmachen.

Johannesburg damals

Vor 125 Jahren war hier nichts oder, wenn man so will, das Paradies. Wo heute wie in jeder Großstadt zur Rushhour die Menschen ins Büro oder nach Hause strömen, zogen damals noch um die gleiche Zeit Antilopenherden zu den wenigen Wasserstellen und lebten Elefanten und Nashörner von der zumeist kargen Vegetation. Landschaftlich bot diese Gegend den Tieren ein freundlicheres Habitat als den Menschen, die sich hier ansiedelten, um Gold als ihre Vorstellung vom Glück zu suchen.

Andere Städte sind entstanden, weil es dort als übliche Siedlungsvoraussetzungen einen Fluss, einen Berg oder das Meer gab. Johannesburg hat nichts dergleichen vorzuweisen. Nicht einmal Wasser als wichtigstes Lebenselement gibt es hier. Johannesburg verdankt seine Existenz einzig und allein dem Gold, das hier gefunden wurde; Gold ist sozusagen die *Raison d'Être* dieser Stadt. So ist sie entstanden:

Im Februar 1886 entdeckt George Harrison, während er auf der Farm Langlaagte arbeitet, die freiliegende Goldader des *Main Reef* (1). Als sich herausstellt, dass es sich dabei um die Entdeckung vielversprechender Goldvorkommen handelt, bricht im Juli am Witwatersrand (2) das Goldfieber aus. Im September 1886 verabschiedet der Präsident der Südafrikanischen Republik, Paul Kruger, eine Proklamation, wodurch neun Farmen des Witwatersrand für öffentliches Prospektieren und Schürfen freigegeben werden. Um ein Camp für die Goldgräber zu gründen, werden im November über 100 Grundstücke auf der nahegelegenen Farm Randjeslaagte vermessen. Im November werden diese Grundstücke zunächst auf fünf, dann auf 99 Jahre verpachtet, und die Gründung der Stadt, die bald Johannesburg heißen sollte, ist damit vollzogen.

Keiner weiß mehr genau, wie die Stadt zu ihrem Namen gekommen ist. Eines der entscheidenden Dokumente, das in den Staatsarchiven als R 4996/86 geführt wird und Aufschluss geben könnte, ist verloren gegangen. Seitdem sind ganze Bücher geschrieben worden, die sich ausschließlich mit der Namensgebung Johannesburgs befassen und im Wesentlichen auf drei Annahmen hinauslaufen. Danach könnten Christiaan Johannes Joubert, der damalige staatliche Landvermesser und Vizepräsident der Republik, oder Johannes Meyer, der erste für die Goldfelder zuständige Bergwerksbeauftragte bei der Namenstaufe der Stadt Pate gestanden haben. Nach der jüngsten Theorie ist der Name Johannesburgs auf König João VI. von Portugal zurückzuführen. Portugal hatte Präsident Kruger um diese Zeit den Orden der Unbefleckten Empfängnis verliehen und die dazugehörige Goldmünze geschenkt, auf der der Kopf des Königs und sein Name eingraviert waren, und die deshalb ein *Joannes* genannt wurde, eine Art Vorläufer und Vorbild für den späteren Krügerrand.

Egoli, City of Gold, so nennen die Schwarzen Johannesburg. Hier klingt unterschwellig noch etwas von dem Mythos mit, der seit Menschengedenken mit dem Gold verbunden ist. Es ist der Traum der Armen, ihr Schicksal schlagartig wenden zu können und mit dem Gold ihr Glück zu finden; der Mythos von der Heilkraft und dem Fluch des Goldes, vom Goldenen Kalb und dem Götzendienst der Menschen, die den Mammon zu ihrem neuen Gott erklärt haben. Die Buren des Transvaal, die sich als Nachfahren der Voortrekker als das auserwählte Volk fühlten und seit der *Schlacht vom Blood River* (3) Gott auf ihrer Seite wähnten, waren besonders von diesem letztgenannten Fluch des Goldes geleitet, als sie anlässlich der ersten Goldfunde in Barberton das Prospektieren nach Gold unter Strafe stellten. Ihr späterer Präsident Kruger hatte bei der Verabschiedung des einschlägigen Gesetzes im Volksraad von Potchefstroom noch warnend erklärt, dass derjenige, der Gold findet, Ärger bekommt. Später, als das Gesetz aufgehoben und der Goldrausch am Witwatersrand in vollem Gange war, meinte er noch immer, dass alles Gold noch einmal durch ein »Meer von Tränen« reingewaschen würde. Der Burenkrieg, der zwölf Jahre später ausbrach und ohne die Goldvorkommen am Witwatersrand nie stattgefunden hätte, sollte ihm auf nur allzu tragische Weise recht geben.

Bis es zum Ausbruch des Krieges kam, der die Entwicklung Johannesburgs vorübergehend zum Stillstand brachte, erlebte die Stadt ihren spektakulären Aufstieg von einem provisorischen *Mining Camp* zu einer Art Dubai des neunzehnten Jahrhunderts. Noch bevor es eine Schule oder ein Krankenhaus gab, entstand eine Börse.

Der Aufschwung war nicht ohne Rückschläge, die an das Schicksal so vieler Goldgräberstädte gemahnten, die verlassen wurden und ausstarben, wenn das Gold versiegte. Auch in Johannesburg sollte nach dem ersten Goldrausch bald Ernüchterung einsetzen. Als man nach den ersten Grabungen, die meist noch über Tage stattgefunden hatten, auf pyrithaltiges Gestein stieß, das nicht nur einen geringeren Goldgehalt auswies, sondern auch weniger bereitwillig diesen Goldgehalt wieder freigab, ließ das Interesse, hauptsächlich der Banken, sehr schnell nach, die Goldgrabungen, die sich jetzt als sehr viel kostspieliger und risikoreicher erwiesen, weiterhin zu finanzieren. Wer auf Kredit investiert oder spekuliert hatte, sah sich bald gezwungen, seine Schürfrechte oder Aktien an der Börse zu Schleuderpreisen zu verkaufen. Die Johannesburger Börse geriet in Panik und erlebte ihren ersten Börsenkrach. So wie die Menschen zwei Jahre vorher im Zuge des *Gold Rush* nach Johannesburg geströmt waren, verließen sie jetzt in Scharen die Stadt. Innerhalb weniger Monate verlor Johannesburg ein Drittel seiner Bevölkerung.

Wie immer in Zeiten der Krise, schlug auch in Johannesburg die Stunde derer, die einen Gewinn daraus zu schlagen wissen. Barney Barnato (4), der nach einem legendären Zwischenspiel als Preisboxer und Zirkusclown in Kimberley mit Diamanten das große Geld verdient hatte, kaufte auf, was ihm unter die Hände kam: die Johannesburger Börse, die städtischen Wasserwerke und Land für die zukünftigen Vororte von Johannesburg. Es ging das Gerücht, dass er in der Lage und bereit war, das gesamte Gebiet des sogenannten Rand aufzukaufen und er nur durch andere Investitionen davon abgehalten wurde. In seinem Finanzgebaren war er noch immer der Zauberkünstler, *The Greatest Conjurer of The World*, als der er im Zirkus in Kimberley aufgetreten war. Was immer unseriös daran erscheinen mag, so war doch eine echte Überzeugung und Vision von der zukünftigen Bedeutung Johannesburgs dahinter. Vor allem war er beseelt von dem unerschütterlichen Glauben an die eigene Unfehlbarkeit, wenn es um Investitionsentscheidungen ging. Anlässlich der Grundsteinlegung für das Verwaltungsgebäude seines Firmenimperiums erklärte er stolz:

Aber ich sage euch hier und jetzt, dass ich beim Spekulieren oder Investieren von Geld noch nie einen Fehler gemacht habe. Und was Johannesburg betrifft, verspreche ich euch, auch wenn es jetzt düster aussehen mag und die Wolken dicht verhangen sind, dass dahinter ungebrochen die Sonne des Reichtums scheint und über kurz oder lang in ihrem vollen Glanz erstrahlen wird.

Barney Barnato war nicht der Einzige, der den Glauben an die Zukunft Johannesburgs nicht verloren hatte und entschlossen war, die Baisse an der Börse auszusitzen. Alfred Beit (5) hatte bereits 1890 zusammen mit Julius Wernher (6) ein Holding Konzept entwickelt, durch das mehrere Goldminen zunächst in Wernher, Beit & Co und später in Rand Mines Ltd. zusammengeschlossen wurden, die durch ihre Erträge aus den über Tage und nahe an der Oberfläche operierenden Minen den Abbau des tiefer gelegenen Goldes finanzieren halfen. Dem waren andere Minenhäuser gefolgt. Ihre Weitsicht und ihr Warten auf bessere Zeiten wurden belohnt, als ein Mann namens Mac Arthur aus Glasgow in Johannesburg auftauchte und ein gemeinsam mit den Gebrüdern Forrest drei Jahre zuvor entwickeltes Verfahren in einer der Goldminen vorführte, das auf Zyanidbasis die Trennung des Goldes von dem pyrithaltigen Gestein ermöglichte. Das Verfahren erwies sich als so erfolgreich, dass sich die Ausbeute bis auf 98 % des Goldgehaltes erhöhte. Zwei Jahre nach Einführung des Verfahrens stieg die Goldproduktion von 40.000 auf eine Million Unzen pro Monat. Johannesburg erlebte seinen zweiten Boom, der unter dem unglückseligen Namen *Kaffir Boom* (7) weltweit Schlagzeilen machte und die Börsen in London, Paris, Moskau und Berlin in schwindelerregende Höhen trieb.

Der *Kaffir Boom* war nicht mehr der Boom der Goldgräber und kleinen Goldminen, sondern der großen Minenhäuser. Man sprach ganz geläufig von den Big Ten und meinte damit die zehn größten Minenhäuser (8), so wie man heute von den Big Five spricht und jeder weiß, dass damit die fünf gefährlichsten Tiere in den Wildreservaten gemeint sind (9). Damals war im Verein der Großen noch Platz für zehn, und sie streiften noch frei umher, ohne durch irgendwelche Reservate eingeschränkt zu sein. Es war die Zeit der sogenannten Randlords, die wie die Big Five in den Wildparks sich in Johannesburg wie die Könige fühlten und auch so lebten. Einige Gebäude wie zum Beispiel Marienhof (10), Sunnyside (11) oder Villa Arcadia (12) zeugen noch heute von dem großzügigen Lebensstil der Randlords. Da ihnen fast alles in Johannesburg gehörte, beherrschten sie die Geschicke der Stadt, wenn nötig durch Erpressung. Früher oder später musste ihre Allmächtigkeit mit der Souveränität der Regierung des Transvaal in Konflikt geraten.

Präsident Kruger hatte bereits seit einiger Zeit den Geschehnissen in Johannesburg mit scheelem Blick zugesehen. Es war vor allem sein Argwohn gegenüber den Uitlanders (Ausländern), der ihn immer wieder neue Auflagen und Schikanen erfinden ließ, um ihnen das Leben schwer zu machen. Es war ihm ein Dorn im Auge, dass diese Leute entschlossen waren, für immer in Johannesburg zu bleiben, auf Gleichbehandlung mit den Einheimischen drängten und dasselbe Stimmrecht forderten. Vor allem gegen die Engländer richtete sich sein Hass, die sich gerade erst die Diamantenfelder in Kimberley durch die Einverleibung Kimberleys in die Kap-Provinz zugeschanzt hatten und jetzt ihre Fänge nach dem Gold im Transvaal ausstreckten. Neben vielen anderen Schikanen bestand er zum besonderen Verdruss der Engländer auf Holländisch und später Afrikaans als offizieller Landessprache. Als eine Petition im Volksraad eingereicht wurde, auch Englisch als Amtssprache vor Gericht zuzulassen, entrüstete sich ein Mitglied empört:

Englisch statt Holländisch in den Amtsstuben der Republik? Niemals! Mein Land ist mein Land und meine Sprache ist meine Sprache!

Um ein Sprachrohr für ihren Unmut zu haben, hatten die Ausländer die Transvaal National Union, die Union der Großen Unzufriedenen gegründet. Die Randlords unterstützten die Bestrebungen dieser Vereinigung, waren zum Teil Mitglieder und verfolgten über sie ihre eigenen Interessen. Inzwischen war die Blase des *Kaffir Booms* geplatzt, nicht zuletzt als Folge der unnachgiebigen Haltung Präsident Krugers und seiner Regierung, die mit ihren Maßnahmen drauf und dran war, die operative und wirtschaftliche Lebensfähigkeit der Goldminen zu gefährden. Als das Fass der Beschwerden zum Überlaufen voll war, reichten sieben Mitglieder des aus der Transvaal National Union hervorgegangenen *Reform Committees* eine Petition ein, die durch 32.000 Unterschriften bekräftigt war und gleiche Rechte für die Ausländer forderte. Wie üblich war die Antwort kurz und bündig und lief dem Sinn nach auf dasselbe hinaus, was Präsident Kruger bereits früher den Ausländern gegenüber erklärt hatte:

Wenn Euch meine Gesetze nicht gefallen, könnt ihr gehen.

Die völlige Frustration des *Reform Committees* führte schließlich zu dem, was in die wechselvolle Geschichte Johannesburgs zweifellos als eine der abenteuerlichsten Episoden eingegangen ist: zum sogenannten *Jameson Raid* (13), ein von Cecil J. Rhodes (14) mit stillschweigender Genehmigung Englands orchestrierter Putschversuch, durch den Präsident Kruger gestürzt werden sollte. Der Putsch scheiterte ebenso an der Unschlüssigkeit des *Reform Committees*, wer als neuer Präsident eingesetzt werden sollte, wie an dem schnellen Einschreiten der Regierungstruppen, die Jameson gefangen nahmen, noch bevor er und seine 700 Mann Johannesburg überhaupt erreicht hatten.

Der Sieg über die Aufständischen hatte die Bereitschaft der Regierung, ihnen das Stimmrecht zu gewähren, nicht gerade beflügelt, sondern im Gegenteil den Hass auf die Ausländer nur noch verstärkt. Man gab England die Schuld an dem Aufstand und präsentierte London eine Rechnung über 1.677.838,00 £ für *moralisch und geistig erlittenen Schaden*. London wies die Rechnung zurück und verlangte im Gegenzug die Aufhebung des Sprengstoffmonopols, das die Regierung des Transvaal sich vorbehalten hatte. Beide Seiten gingen auf Konfrontationskurs, und es war abzusehen, dass die feindselige Haltung beiderseits früher oder später zum offenen Konflikt führen musste.

Als die von England angeregte Konferenz zwischen Lord Milner und Präsident Kruger am 31. Mai 1899 in Bloemfontein keine Entspannung brachte, sondern im Gegenteil die allgemeine Kriegsbereitschaft steigerte, brauchte es für den Casus Belli nur noch einen Vorfall wie später die Schüsse von Sarajewo, die als Vorwand für den Krieg dann auch in Johannesburg bald fielen, als ein des Mordes verdächtigter Engländer namens Edgar von einem angeblich südafrikanischen Polizeibeamten in Notwehr erschossen wurde. Der Vorfall gab Anlass zu einem Austausch von Protestnoten und gegenseitigen Anschuldigungen, in deren Verlauf Präsident

Kruger der englischen Regierung am 9. Oktober 1899 ein Ultimatum stellte, bis zum 11. Oktober alle britischen Truppen von den Grenzen des Transvaal abzuziehen. Als London diese Forderung als unannehmbar zurückwies, war klar, dass dies Krieg bedeutete.

Der Rest ist Geschichte und in den vielen Büchern nachzulesen, die über den Burenkrieg geschrieben worden sind. Über 70.000 Tote hat dieser Krieg gefordert, darunter 28.000 Zivilisten, meist alte Männer, Frauen und Kinder, die in den englischen Konzentrationslagern umgekommen sind. Der Burenkrieg ist auch heute noch eine schwelende Wunde, hauptsächlich im Selbstverständnis der afrikaans-stämmigen Südafrikaner, und belastet noch immer das Verhältnis zu ihren englischsprachigen Landsleuten.

Es soll hier nicht weiter auf die Geschichte Südafrikas oder Johannesburgs eingegangen werden, so interessant beides sein mag. Es ging mir bei diesem kurzen geschichtlichen Rückblick allein um die Ereignisse aus den frühen Jahren Johannesburgs, so wie es bei der Entwicklung eines Menschen auf die prägenden Erfahrungen seiner frühen Kindheit ankommt. Die Kindheit Johannesburgs, wenn man so will, ist geprägt von dem Geist der Goldgräberzeit, von den Menschen, die hierherkamen, um reich zu werden und zu genießen, was Reichtum zu vermitteln vermag. Es waren Abenteurer und Hasardeure, Pioniere und Visionäre, ehrliche und manchmal nicht ganz so ehrliche Kumpels, die Johannesburg aus der Taufe gehoben haben. Ihnen allen war eines gemeinsam: ihre Vergangenheit hinter sich zu lassen und eine bessere Zukunft aufzubauen. Ihr Geist lebt weiter in dem Aufbau- und Erfolgswillen der Einwohner Johannesburgs, die sich durch nichts so leicht entmutigen oder einschüchtern lassen.

Auch der Geist der Stadt selbst ist erhalten geblieben, einer Stadt, in der das Geldverdienen auch heute noch erste Priorität genießt; einer Stadt, die mehrfach am Ende gewesen ist und immer wieder neu und größer aus ihren Bedrängnissen hervorgegangen ist. Auch die Ängste von damals wirken nach: die Angst, weil man in der Minderheit ist, die Kontrolle über das eigene Geschick zu verlieren, wenn man das Unvermeidliche tut und sich auf *One Man, One Vote* einlässt; die Befürchtung, mit dem Rückgang von Afrikaans als offizieller Landessprache die eigene Identität zu verlieren.

All diese Eigentümlichkeiten der Stadt sind bereits in den Jahren ihres Entstehens angelegt: das Misstrauen gegenüber den Ausländern, obwohl Johannesburg seine Bedeutung wie Amerika dem Einfluss seiner Einwanderer verdankt; nur dass in Amerika die Einwanderer längst stolze Amerikaner geworden sind, während im Randklub in Johannesburg bis vor Kurzem noch immer das überlebensgroße Bild der englischen Königin wie ein gemalter Lehnseid über dem imperialistischen Treppenaufgang hing (15). Vielleicht liegt es daran, dass das Misstrauen gegenüber den Ausländern noch immer nicht abgebaut ist, und wenn heute eine Delegation von ihnen die Regierung beschwört, doch endlich etwas gegen die Kriminalität zu tun, dann ist es, als ob in der Antwort des zuständigen Ressortministers noch immer die Stimme Präsident Krugers nachhallt:

Wenn es euch hier nicht gefällt und zu gefährlich ist, dann geht doch zurück, woher ihr gekommen seid.

Für viele ist Johannesburg auch heute noch die Stadt des unverhofften Reichtums und eines entsprechenden Lebensstils. Auch insoweit ist alles nur Déjà-vu, wenn man noch immer auf die gleichen Leute wie damals trifft, die früh die Situation erkannt und für sich genutzt haben, auf die »Tokyo« Sexwales (16), Cyril Ramaphosas (17), Saki Makosomas (18) oder Patrice Motsepes (19), die nichts anderes als die Randlords von heute sind.

Johannesburg heute

Wenn man heute einen Außenstehenden fragt, welche Vorstellungen er mit Johannesburg verbindet, dann ist es in der Regel die Schreckensvision einer Stadt, die von Kriminalität und Gewalttätigkeit wie von einer Seuche befallen zu sein scheint. Die Verbrechensstatistiken sprechen eine eindeutige Sprache und bestätigen dieses Bild auf nur allzu eindringliche Weise. Es dürfte heute in Johannesburg kaum jemanden geben, der nicht entweder selbst oder im Freundes- und Bekanntenkreis Teil dieser Statistiken geworden ist und zu der menschlichen Tragödie beigetragen hat, die sich dahinter verbirgt. *Egoli, The City of Gold,* ist zur *City of Crime,* der *Hauptstadt des Verbrechens* geworden.

Seit 2001 genießt Johannesburg den fragwürdigen Ruf, zu den zehn gefährlichsten Städten der Welt zu gehören. Der Ruf ist nicht ganz neu und erinnert an eine ähnliche Reputation während der Zeit des Goldrauschs, als Johannesburg von einem Besucher aus Kapstadt zur *Universität des Verbrechens* oder gar zur *Hauptstadt der Hölle* erklärt worden war und Baron Ludwig von Veltheim, der berüchtigte *Botschafter des Verbrechens,* die Stadt zu seinem bevorzugten Auslandsposten erkoren hatte. Ein Vergleich mit diesen frühen Verhältnissen hieße jedoch, die Situation von heute zu verharmlosen. Die Dick Turpins, Majuba Jacks, Old Jobs oder Frederick Demmings alias Albert O. Williams (1), die damals Johannesburg unsicher machten, waren Einzelgänger, Gestalten wie aus einem Kriminalroman, fast sympathische Gauner und Gelegenheitstäter, die in nichts mit dem organisierten Verbrechen zu vergleichen sind, das heute Johannesburg heimsucht. Auch das individuelle Verbrechen von damals hat nichts mit der Gewalttätigkeit gemein, die heute selbst bei jugendlichen Tätern gang und gäbe ist. Die Kriminalität ist nicht nur in ihrer Häufigkeit, sondern auch in der Brutalität, mit der sie begangen wird, außer Kontrolle geraten. Da immer mehr Menschen aus Sicherheitsgründen das Land verlassen, gefährdet die Kriminalität die Zukunft der *Rainbow Nation* und mit ihr den Erfolg ihres Pilotprojekts Johannesburg.

Es sieht nicht danach aus, als ob die Regierung entschlossen sei, mehr als bei Aids dagegen zu unternehmen. Bösartige Zungen behaupten sogar, dass die Kriminalität nur ein Mittel sei, um indirekt die Weißen aus dem Land zu vertreiben. Dabei sind es nicht nur die Weißen, die von der Kriminalität betroffen sind, auch wenn sie vielleicht mehr Aufhebens darum machen. Die Schwarzen sind schon länger daran gewöhnt und tragen ihr Schicksal geduldiger. Das Ausmaß an Vergewaltigungen und Kindesmissbrauch in den Townships, bei denen auch Kleinstkinder nicht verschont bleiben, ist so erschreckend, dass man darüber den Glauben an die Menschheit verlieren kann.

Da die Regierung ihrer vornehmsten Aufgabe, für die Sicherheit ihrer Bürger zu sorgen, offenbar nicht gerecht wird, versuchen die Menschen, sich selbst so gut wie möglich gegen die Kriminalität zu schützen. Die Maßnahmen reichen von der Absperrung ganzer Wohnviertel durch bewachte Schlagbäume über nachbarschaftliche Sicherheitspatrouillen bis zu den hohen Mauern und Elektrozäunen, hinter denen sich die Menschen in ihren Häusern verschanzen. Keine dieser Vorkehrungen, auch nicht die üblichen Alarmsysteme, durch die fast jeder mit einem Wachdienst verbunden ist, sind jedoch in der Lage, die erhoffte Sicherheit zu bieten. Wenn wieder einmal in der Nachbarschaft eingebrochen wurde, ist es, wie wenn ein Raubtier eine Antilope gerissen hat: Die restliche Herde hebt für einen Augenblick verschreckt den Kopf und grast friedlich weiter, wenn der Schreck vorbei und jeder froh ist, selbst verschont geblieben zu sein. Die der Kriminalität trotzen, bleiben hier, wie die Einwohner einer Stadt, die sich im Belagerungszustand befindet.

Es wird viel über die Gründe gerätselt, die zu Johannesburgs Gesetzlosigkeit beigetragen haben: die krassen sozialen Gegensätze der Stadt, die gewalttätige Vergangenheit des Landes oder die Ineffizienz der Polizei sowie des gesamten Strafverfolgungssystems. Wahrscheinlich sind sie alle mitverantwortlich für die kriminelle Anfälligkeit der Stadt, aber man darf sich nichts vormachen und vor allem die wichtigste Ursache dabei nicht vergessen: Johannesburg ist Afrika, und Afrika ist nicht zimperlich, wenn es um Konflikte und den Gebrauch von Gewalt geht. Im Übrigen wird man fairerweise zugeben müssen, dass die Eskalation der Kriminalität auch Ausfluss einer Liberalisierung ist, die seit Abschaffung der Apartheid hier stattgefunden hat und wozu die ganze Welt Südafrika immer ermutigt hatte. Das Beispiel der Perestroika hat gezeigt, welche Auflösungserscheinungen mit der Liberalisierung eines autokratischen Systems verbunden sein können. Ich möchte nicht in Beijing oder Shanghai leben, wenn in China die Sicherheitsbestimmungen gelockert und die diktatorischen Methoden zur Wahrung von *Law and Order* liberalisiert werden. Der Ausbruch von Fremdenhass in Südafrika, der vor einem Jahr weltweit Schlagzeilen gemacht hat, ist ja nicht nur Ausdruck einer unkontrollierten Kriminalität und Gewaltbereitschaft gewesen, sondern war auch die Reaktion auf eine liberale Politik, die illegale Einwanderer nicht wie früher sofort wieder abschiebt, sondern aus eigener Ratlosigkeit unbehelligt lässt.

Seit der Zustrom legaler und illegaler Einwanderer hauptsächlich aus dem übrigen Afrika Ausmaße angenommen hat, die nur noch mit dem *Gold Rush* vergleichbar sind, als Ausländer hier genauso unbeliebt waren, glaubt man für den Anstieg der Kriminalität nun auch den Schuldigen gefunden zu haben. Die hohe Anzahl von Ausländern unter denen, die mit dem Gesetz in Konflikt geraten, scheint diese Theorie zu bestätigen. Mit Sicherheit hat das organisierte Verbrechen mit dem Zuzug der Ausländer in Johannesburg einen starken Auftrieb bekommen; sie allein verfügten über die internationalen Verbindungen, die den Drogenhandel, den Waffenschmuggel oder den Autodiebstahl über die Grenze zu einem blühenden Geschäft gemacht haben, das heute zur Domäne der Nigerianer, Mozambiquaner oder Angolaner gehört. Auch Einbruchsdiebstähle haben mittlerweile deutlich zugenommen, seit viele Einwanderer aus Simbabwe sich dadurch über Wasser halten, weil ihnen jede rechtmäßige Eingliederung in den Arbeitsmarkt verwehrt ist. Die Ausländer deswegen für die Kriminalisierung Johannesburgs verantwortlich zu machen, wäre jedoch genauso falsch, wie der viel beschworenen *Legacy of Apartheid* (2) die Schuld zu geben. Die Regierung täte gut daran, die Kriminalität als Epidemie genauso ernst wie Aids zu nehmen, anstatt den Obersten Polizeichef (3) in Schutz zu nehmen, der angeblich mit der Mafia unter einer Decke steckt.

So vordringlich die Bekämpfung der Kriminalität sein mag, ist sie doch nicht das einzige Problem, das Johannesburg wie eine Plage heimgesucht hat. Aids, Armut und Arbeitslosigkeit sind ebenso ernsthafte existenzielle Bedrohungen, für die man in Deutschland erst wieder ein Gespür bekommen hat, seit die internationale Finanzkrise die eigene finanzielle Sicherheit gefährdet. Selbst wenn man von einem dieser Schicksale nicht unmittelbar betroffen ist, kann man sich nicht davon freimachen, da man täglich mit dem Elend der weniger Glücklichen konfrontiert wird. Man hat das Gefühl, als sei das Leben von allen Seiten ständig bedroht.

Wer allerdings meint, dass man mit einer solchen Situation nicht leben kann, muss sich von den vier Millionen Menschen, die hier leben, eines anderen belehren lassen. Sie leben nicht nur in dieser Stadt, sondern sie lieben sie auch. Viele haben ein geradezu zärtliches Verhältnis zu ihr und nennen sie deshalb mit einer Art Kosenamen liebevoll *Jozi*. Andere fühlen sich eher in einer Art Hassliebe, wie Shirley Bassey (4) sie besungen hat, an Johannesburg gebunden: Sie lieben und hassen die Stadt und können doch nicht ohne sie sein. Der Energielevel Johannesburgs wirkt wie eine Droge, die die Menschen hier hält oder wieder zurückholt, wenn sie versuchen, der Stadt zu entkommen. Egal, was den Reiz Johannesburgs ausmacht: Es werden immer mehr Menschen davon angezogen.

Johannesburg erlebt zurzeit aufgrund der starken Zuwanderung eine regelrechte Bevölkerungsexplosion. Entsprechend viel wird an allen Ecken und Enden gebaut. Johannesburg ist heute, was Berlin in den Jahren nach der Wiedervereinigung war: eine einzige riesige Baustelle. Überall schießen Hochhäuser wie Pilze aus dem Boden und künden Bauzäune das nächsthöhere und prächtigere Gebäude an. Dazwischen ragen die Drehtürme der Baukräne wie friedlich äsende Giraffen in den Himmel, die sich mit ihren weiten Auslegern gegenseitig ins Gehege kommen. Meist sind es Hotels oder Bürogebäude, die hier entstehen. In Sandton, wo das Sicherheitsbedürfnis der Reichen einen neuen Wohnstil kreiert hat, drängen sich seit Neuestem immer mehr Wohnhochhäuser zwischen die einstigen Villengrundstücke mit ihren herrschaftlichen Gartenanlagen, die vorsorglich bereits für eine mehrstöckige Bebauung ausgewiesen sind, falls ihre Eigentümer verkaufen und selbst in einem dieser Luxusapartments mit 24-stündiger Kameraüberwachung und biometrischer Zugangskontrolle wohnen möchten.

Man fragt sich, wo all die Leute herkommen, die hier wohnen. Keiner kann heute mit Sicherheit sagen, wie viele Einwohner Johannesburg hat. Die letzte Volkszählung geht auf das Jahr 2001 zurück. Seitdem hat die Bevölkerung ständig zugenommen. Die jüngsten Schätzungen gehen von einer Einwohnerzahl ausschließlich illegaler Einwanderer von vier Millionen aus. Damit ist Johannesburg nach Kairo die zweitgrößte Stadt auf dem afrikanischen Kontinent. Nimmt man die im Großraum Johannesburg zusammengeschlossenen Gemeinden mit nochmals vier Millionen Einwohnern hinzu, dann ist Johannesburg so groß wie Kairo. Flächenmäßig erstreckt sich die Stadt über 1.645 Quadratkilometer und hat damit unter allen Städten Afrikas die größte Flächenausdehnung. Als wäre das noch nicht genug, dehnt sich Johannesburg ständig weiter aus. Wenn das Weichbild der Stadt wieder mehrere Hektar unbebautes Land an die Grundstücksentwickler verloren hat, kommt ein neuer Vorort wie das nächste Kapitel einer unendlichen Geschichte dazu. Die Ausdehnung Johannesburgs im Norden der Stadt über Midrand bis nach Pretoria liest sich wie ein spannender Fortsetzungsroman.

Während sich so das Leben der Stadt immer mehr in die Außenbezirke verlagert, leidet das Herz in der Innenstadt an akuter Herzinsuffizienz. Der Verfall der Innenstadt Johannesburgs ist eines der traurigsten Kapitel in der wechselvollen Geschichte der Stadt. Als mit der Aufhebung des *Group Areas Act* (5) immer mehr Schwarze aus den umliegenden Townships in das Zentrum der Stadt zogen, verwandelte sich die Innenstadt allmählich in einen traditionellen afrikanischen Markt.

An den Bushaltestellen, wo früher nur Weiße ein- und aussteigen durften, schlugen schwarze Marktfrauen ihre Stände auf und warteten geduldig, bis ihnen jemand ein paar halb verfaulte Bananen oder Tomaten abkaufte. Straßenhändler belagerten die Gehsteige mit ihren Auslagen und versperrten den Zugang zu den einst teuren Geschäften und Kaufhäusern. Wer früher gewohnt war, dort einzukaufen, änderte bald seine Einkaufsgewohnheiten, sodass die Geschäfte entweder aufgeben oder ihr Angebot auf die neue Klientel umstellen mussten. Die Weißen kehrten der Innenstadt halb vergrätzt, halb wehmütig den Rücken, so wie man sich nach Verlust seiner Ämter aus der Öffentlichkeit zurückzieht.

Es dauerte nicht lange, bis auch die Wirtschaft ihren Rückzug aus der Innenstadt antrat. Während es am Anfang noch mehr um eine Ausdehnung als um eine Verlagerung der Wirtschaft in die nördlichen Vororte ging, gewann dieser Prozess ab 1992 derart an Dynamik, dass es zu einem wahren Exodus der Wirtschaft aus der Innenstadt kam. Alles drängte in die neuen *Business Parks* und moderneren Bürogebäude im Norden der Stadt. Die alten Büros einschließlich der Hotels und Restaurants, die davon lebten, blieben in der Innenstadt zurück, als wären sie auf der Flucht vergessen worden. Keiner wusste so recht etwas damit anzufangen. Der Central Business District (CBD) (6) blieb zwar dem Namen nach noch in der Innenstadt, verlagerte sich in der Sache aber immer mehr nach Sandton.

Das Carlton Centre ist eine gute Fallstudie für den Strukturwandel der Innenstadt, der mit dieser Entwicklung verbunden war. 1972 nach sechsjähriger Bauzeit offiziell eröffnet, war das Carlton Centre bis in die Neunzigerjahre für die Einwohner Johannesburgs beliebtes Vorzeigeobjekt, um ihren Stolz auf die eigene Stadt daran zu weiden. Wenn Besucher aus dem Ausland nicht bereits im Carlton Hotel wohnten, blieb ihnen als Sehenswürdigkeit ein Besuch im Carlton Centre nicht erspart. Dort konnte man von der Aussichtsterrasse im 50. Stock des höchsten Gebäudes von Johannesburg, dem sogenannten *Top of the Carlton* einen Rundblick über die Stadt genießen und sich dabei *On Top of the World* fühlen. Das Einkaufszentrum war damals das größte in der südlichen Hemisphäre und bot mit seinen über 180 Geschäften alles zum Kaufen, was das Herz begehrte. Das Carlton Hotel selbst war lange Zeit das beste Hotel im Portfolio seines internationalen Betreibers Western International. Henry Kissinger, François Mitterrand, Hillary Clinton, Margaret Thatcher, Whitney Houston und Mick Jagger gehörten zu den berühmten Gästen. Das angeschlossene Café The Koffiehuis sowie das damals weltberühmte Restaurant The Three Ships lösen heute noch, wenn ihr Name fällt, nostalgische Erinnerungen bei den ehemaligen Habitués aus. Zu den Attraktionen gehörte auch wie im Central Park von New York eine Kunsteislaufbahn mitten in der Stadt. Das Carlton Centre bot einfach alles, was nach dem letzten Schrei von damals zu einem solchen Zentrum dazugehörte. Deutschland hatte um diese Zeit nichts Vergleichbares vorzuweisen. Allenfalls in Amerika gab es ähnlich großartige und überwältigende Malls. Daher ist es wahrscheinlich auch kein Zufall, dass für den Entwurf und Bau des Carlton Centres das amerikanische Architekturbüro Skidmore, Owings and Merrill LLP verantwortlich gewesen ist, das zu einem der größten Architekturbüros der Welt gehört.

Für die Investoren, die sich an ein solches Projekt herangewagt hatten, allen voran Anglo American (7), war das Carlton Centre vor allem ein mutiger Vertrauensbeweis in die Zukunft Südafrikas. Das Massaker von Sharpeville hatte gerade erst stattgefunden und das Apartheidsystems für die ganze Welt in seiner Brutalität entlarvt. Die Antiapartheidbewegung begann, sich international zu formieren. Die Architektur des Carlton Centres, auch wenn sie von Amerikanern stammt, hat etwas von diesem Selbstbehauptungswillen der Welt zum Trotz, der damals das politische Klima beherrschte. Das Carlton Hotel, das mit seiner unteren Erweiterung wie ein in den Boden gestemmtes Bollwerk wirkt, verkörpert gleichsam die Standhaftigkeit, in der man entschlossen war, sich gegen den Rest der Welt zu behaupten.

In Anglo American wurde unterdessen längst an Zukunftsszenarien für ein Südafrika nach der Apartheid gearbeitet. Das Carlton Centre hat auch insoweit die Dimensionen, in denen bisher gedacht worden war, visionär gesprengt. Auch wenn es für eine Zeit nach der Apartheid geplant gewesen sein mag, hat das Carlton Centre die Apartheid nicht überdauert. Man kann sich offenbar gegen eine ganze Welt behaupten, aber nicht gegen den Wandel der Zeit. Ende der Neunzigerjahre war die Innenstadt bereits so weit heruntergekommen, dass sich kaum noch jemand in die Nähe traute. Das Carlton Hotel musste aufgeben, weil es zu gefährlich geworden war, dort zu wohnen. 1997 wurde das Hotel geschlossen und eingemottet und wartet seitdem auf den Märchenprinz in Gestalt eines internationalen Hotelbetreibers, der es aus seinem Dornröschenschlaf wach küsst.

Dem Carlton Centre haftet noch immer das Image eines Symbols der Apartheid an. Wahrscheinlich hat das Neue Südafrika deshalb so wenig bisher damit anzufangen gewusst. Transnet, das für Verkehr und Transport verantwortliche Staatsunternehmen, hat im Jahr 2000 das Carlton Centre von Anglo American Properties erworben. Trotz des geringen Kaufpreises von nur 32 Millionen Rand, bei einem geschätzten Neuwert von damals 1,5 Milliarden Rand, ist Transnet mit dem Kauf nicht glücklich geworden und versucht seit 2007 bisher erfolglos, das Carlton Centre loszuwerden. Eine Vergangenheit, in die zigtausend Kubikmeter Beton eingegangen sind, lässt sich eben nicht so einfach abschütteln.

Vielen ehemals imposanten Gebäuden in der Innenstadt ist es ähnlich ergangen wie dem Carlton Centre. Das Sanlam Centre (8), das als Pendant zu dem angelsächsischen Carlton Centre die wirtschaftliche Ebenbürtigkeit der Afrikaner symbolisieren sollte, ist ebenfalls nur noch ein Schatten seiner selbst. Das gegenüber gelegene ehemalige Johannesburg Sun Hotel ist nach zwei vergeblichen Versuchen, es in bescheidenerem Rahmen weiterzuführen, inzwischen wie das Carlton Hotel geschlossen und träumt von seinen besseren Tagen.

Von den ehemaligen Bürogebäuden, die lange Zeit leer standen, weil keine Mieter mehr dafür zu finden waren, wurden viele von Obdachlosen besetzt und verwahrlosten immer mehr, je mehr kriminelle Elemente dort Unterschlupf fanden, bis sie schließlich von ihren Eigentümern völlig dem Verfall überlassen wurden. Hillbrow, einst kosmopolitisches Wohnviertel in unmittelbarer Nähe der Innenstadt und beliebte Zwischenstation für alle Einwanderer aus Europa, verkam zu einem Drogenzentrum und ist heute berüchtigtes Symbol für den Niedergang und die Verwahrlosung des Stadtkerns von Johannesburg.

Die Wiederbelebung der Innenstadt ist eine der größten Herausforderungen für die zentrale Stadtverwaltung Johannesburgs. Seit 2003 gibt es dafür eine ambitionierte 5-Säulen-Strategie, die aus Johannesburg eine Weltstadt im Stil der großen internationalen Metropolen machen möchte. Noch nimmt sich das Ganze wie das sprichwörtliche Schwimmen gegen den Strom aus, und es ist nicht abzusehen, wann oder ob sich die Strömung je ändern wird. Es hatte gleichsam Symbolcharakter für eine Stadt wie Johannesburg, in der sich alles ums Geld dreht, als im Oktober 2000 die Johannesburger Börse von der Innenstadt nach Sandton zog. Bevor Sandton der Innenstadt den Central Business District streitig machte, war dieser Vorort eines der exklusivsten Wohnviertel von Johannesburg, wie das Westend in Frankfurt oder der Harvestehuder Weg in Hamburg. Hier wohnten die oberen Zehntausend von Johannesburg und die, die glaubten, dazuzugehören. Die nicht hier wohnten, fanden den ostentativen Reichtum dieses Stadtteils immer ein wenig zu aufdringlich und protzig. Sandton hat alles dazu getan, um auch als neues Geschäftszentrum Johannesburgs diesen Eindruck zu vermitteln. Die Unternehmen, die sich hier ansiedelten, hielten mit ihrem Geld nicht zurück und benutzten die Gelegenheit, um in den Glas- und Granitfassaden der neuen Verwaltungsgebäude ihr Image frisch aufzupolieren. Anwälte und Wirtschaftsprüfer, die sich beim Auszug der Wirtschaft aus der Innenstadt wie Saugfische an ihre Klienten gehängt hatten, wollten nicht nachstehen und überboten sich gegenseitig in der Größe und Ausstattung ihrer eigenen Bürogebäude. Die Hotels, die in der Innenstadt schließen mussten, wurden hier noch luxuriöser wieder aufgebaut. Unter fünf Sternen tut es hier niemand. Die neue Börse und die Bankgebäude in ihrer unmittelbaren Nachbarschaft machen deutlich, dass hier mit Geld gehandelt wird.

Sandton City, ein Einkaufszentrum, das in seiner amerikanischen Größenordnung der American Mall in Minneapolis Konkurrenz zu machen droht, ist das Herzstück des neuen CBD und bietet wie einst das Carlton Centre in seiner Vielfalt an Geschäften, Restaurants und allgemeiner Unterhaltung den Rahmen für ein städtisches Leben in künstlicher Atmosphäre. Es ist eine unwirkliche Welt aus Konsum und Unterhaltung mit einem geradezu surrealen Überangebot. Die Architektur hat sich ganz diesem Abwechslungsbedürfnis angepasst und ist bemüht, in ihrem Eklektizismus allen und jedem etwas zu bieten. Auch wenn sie keinen eigenen Gestaltungswillen erkennen lässt, wird man ihr, nach dem Andrang der Leute zu schließen, die hier einkaufen, Kaffee trinken und sich amüsieren möchten, eine gelungene Funktionalität nicht absprechen können. Wer möchte sich auch, wenn er nicht gerade Architekt ist, von der Askese und Strenge einer minimalistischen Architektur den Spaß beim Shoppen verderben lassen?

Die Wirtschaft lebt vom Konsum. 51,4 % des Gesamtumsatzes der südafrikanischen Wirtschaft werden in der Provinz Gauteng erzielt. 40 % davon entfallen auf Johannesburg. Als Hauptstadt von Gauteng bestreitet Johannesburg mit der räumlich kleinsten Provinz den größten Anteil (34,2 %) am Bruttosozialprodukt Südafrikas.

Johannesburg ist nicht nur die Wirtschaftsmetropole Südafrikas, sondern auch die wirtschaftlich bedeutsamste Stadt auf dem afrikanischen Kontinent. Alle Großbanken, von ABSA über Standard Bank, First National Bank, Nedbank bis zu Investec haben in Johannesburg ihren Sitz. Die Johannesburger Börse ist die älteste und größte in Afrika und gehört zu den ersten 20 in der Welt. 2006 betrug die Marktkapitalisierung der 388 gelisteten Gesellschaften 5,7 Trillionen Rand bei einem jährlichen Umsatz von 2.100 Millionen Rand. Der bis vor Kurzem unabhängige Bond Exchange of South Africa (Besa) für öffentliche und private Anleihen ist 2008 von der Johannesburger Börse übernommen und in sie eingegliedert worden. Die Stadt hat dort selbst mehrere Anleihen begeben, die aufgrund ihrer Kreditwürdigkeit ein A+-Rating erzielten.

Wenn man von der südafrikanischen Wirtschaft spricht, dann geht es auch heute noch immer um eine Wirtschaft, die weitgehend von einer weißen Minderheit beherrscht wird. Die Regierung des Neuen Südafrika ist deshalb fest entschlossen, gegen diese vermeintliche Nachhut der Apartheid vorzugehen. Angesichts der ungeheuren Kluft zwischen Arm und Reich, die nicht zuletzt als Folge der Apartheid die verschiedenen Rassen in Südafrika voneinander trennt, muss eine verantwortliche Politik darum bemüht sein, diese Gegensätze so weit wie möglich auszugleichen. Ein solcher Ausgleich ist unabdingbar, wenn Südafrika je eine Chance bei der Integration und dem friedlichen Miteinander seiner unterschiedlichen Bevölkerungsgruppen haben soll. Das Problem ist ja nicht, dass etwas geändert werden muss, sondern wie man dabei vorgeht. Dabei sollten die Beispiele als Warnung dienen, die im vorigen Jahrhundert bei den Versuchen einer sozialpolitischen Umgestaltung ideologisch geprägter Gesellschaften fehlgeschlagen sind. Dazu gehört nicht nur der Kommunismus, sondern auch die Apartheid selbst, die nichts anderes als ein rassistisch untermauertes Social Engineering gewesen ist, um den Buren aus ihrer bis dahin wirtschaftlich prekären Situation herauszuhelfen.

Die Mittel, die unsere Regierung sich ausgesucht hat, um gerechtere Verhältnisse in Südafrika herbeizuführen, sind im wesentlichen drei Maßnahmen zur sozialpolitischen Umgestaltung der südafrikanischen Gesellschaft, die mit den Begriffen *Affirmative Action*, *Black Empowerment* und *Landreform* gekennzeichnet sind.

Affirmative Action besagt, dass bei Stellenvergaben an Bewerber mit gleicher Qualifikation dem Bewerber aus früher benachteiligten Bevölkerungsgruppen der Vorzug zu geben ist. Dagegen ist nichts einzuwenden, wenn frühere Benachteiligungen dadurch ausgeglichen werden sollten. Die ausgleichende Gerechtigkeit schlägt jedoch in ihr Gegenteil um, wenn einem schwarzen Bewerber aufgrund seines vermeintlichen Potenzials der Vorzug vor seinem besser qualifizierten weißen Mitbewerber gegeben wird. Auf diese Weise verliert das Land nicht nur gut ausgebildete junge Leute, die auswandern, obwohl sie hier dringend gebraucht werden, sondern dadurch gefährdet man auch den reibungslosen Ablauf der Wirtschaft sowie des öffentlichen Dienstes.

ESCOM (9) ist ein warnendes Beispiel für die Risiken und schwerwiegenden Folgen, die mit einer affirmativen Beschäftigungspolitik verbunden sein können. Wer immer die Verantwortung für unsere gegenwärtige Elektrizitätskrise gehabt haben mag, die Regierung oder ESCOM als staatlich kontrolliertes Versorgungsunternehmen, Tatsache ist, dass heute für den Bau dringend benötigter Kraftwerke all die Ingenieure, technischen Manager und Vorarbeiter fehlen, die damals von ESCOM im Zuge einer personellen Reorganisation unter affirmativen Auswahlkriterien abgefunden, in den vorzeitigen Ruhestand geschickt oder einfach gekündigt wurden. Nach eigenen Angaben sucht ESCOM zurzeit 3.000 Ingenieure und 5.000 technische Mitarbeiter, um die Instandhaltung der vorhandenen und den Aufbau neuer Kraftwerke für den künftigen Strombedarf sicherzustellen. Vor 2012 ist mit der Bereitstellung neuer Kapazitäten nicht zu rechnen. In der Zwischenzeit erleidet die Wirtschaft allein im ersten Halbjahr 2008 durch Stromausfälle Produktionseinbußen von 50 Milliarden Rand. Die Langzeitfolgen sind noch gar nicht abzusehen. Jetzt sind wir gespannt, ob uns bei der Wasserversorgung ähnliche Pannen bevorstehen.

Ein anderes Beispiel fehlgeschlagener *Affirmative Action* ist der öffentliche Dienst. Dort gibt es heute kaum noch Weiße, die früher diesen Bereich fast genau so ausschließlich für sich reserviert hatten. Nicht, dass wir je mit dem Service der öffentlichen Behörden zufrieden gewesen wären, aber der Verwaltungsapparat, so aufgeblasen er auch gewesen sein mochte, funktionierte wenigstens. Heute drohen ganze Bereiche des öffentlichen Dienstes zusammenzubrechen.

Wer nach Südafrika auswandern möchte, muss sich für die Erteilung einer Daueraufenthaltsgenehmigung auf lange Wartezeiten gefasst machen. Selbst der Antrag auf eine Arbeitserlaubnis für dringend benötigte Fachkräfte aus dem Ausland dauert Monate, bevor aus dem *Department of Home Affairs* eine meist negative Entscheidung kommt. Das Förderungsprogramm für Neu- und Erweiterungsinvestitionen der mittelständischen Industrie scheitert daran, dass die entsprechenden Anträge im Durcheinander der Verwaltung untergehen.

Die Beispiele mögen genügen, um zu illustrieren, dass mit der praktischen Handhabung einer affirmativen Beschäftigungspolitik unabhängig von dem fragwürdigen Ergebnis größerer Gerechtigkeit erhebliche Probleme verbunden sind.

Das Gleiche gilt für die Politik des *Black Empowerment*. Dabei handelt es sich um staatliche Vorgaben zur Beteiligung früher benachteiligter Bevölkerungsgruppen am Gesellschaftskapital sowie im Management von Unternehmen der Privatwirtschaft und öffentlichen Hand. Normalerweise gehen Schwarze, wenn sie Geld verdienen wollen, nicht in die Wirtschaft, sondern in die Politik oder in den öffentlichen Dienst. Da die insoweit verfügbaren Stellen beschränkt sind, hat man die Sinekuren jetzt auf die Wirtschaft ausgedehnt, um durch aufgezwungene Beteiligungen oder Aufsichtsratspositionen die wachsenden Einkommenserwartungen zu befriedigen.

Inzwischen sind die zu einem *Broad Based Black Economic Empowerment (BBBEE)* ergangenen Richtlinien und gesetzlichen Bestimmungen, die sogenannten *Scorecards* und *Codes of Good Practice*, um sich als *Black Empowered* zu qualifizieren, so vertrackt und kompliziert, wie es die Vorschriften zur Rassendiskriminierung unter der Apartheidregierung gewesen sind. Alles, was bisher damit erreicht wurde, ist die Schaffung einer kleinen Schicht neuer Großkapitalisten, die ihren Reichtum ihrer Hautfarbe, ihrem politischen Einfluss sowie dem Dilemma der Wirtschaft verdanken, die sich gezwungen sieht, gute Miene zu bösem Spiel zu machen, um bei den Ausschreibungen und Aufträgen der öffentlichen Hand mitberücksichtigt zu werden. Die Randlords von heute, die Sexwales, Ramaphosas, Motsepes und wie sie sonst alle heißen mögen, verdanken ihr Vermögen ja nicht der eigenen unternehmerischen Initiative, sondern einer vermögensrechtlichen Umverteilungspolitik, die an das soziale Gewissen der Wirtschaft appelliert und dabei einen verfassungsrechtlich fragwürdigen Druck ausübt. Diese Politik hat an dem Los der Mehrheit der Schwarzen bisher nichts geändert. Genau darin liegt die eigentliche Gefahr. Die Geduld, mit der die Schwarzen sonst ihr Schicksal ertragen, kann sehr schnell umschlagen, wenn die Ungerechtigkeit nicht mehr alle gleichmäßig trifft und die Wut darüber sich in sozialen Unruhen entlädt.

Die dritte Phase einer sozialpolitischen Umgestaltung unserer Gesellschaft steht uns noch bevor: die viel diskutierte und heiß umkämpfte Landreform. Wenn man bedenkt, wie mühsam es ist, dem keineswegs fruchtbaren Boden eine Ernte abzugewinnen, die immer wieder von Dürre oder Unwetterschäden bedroht ist, dann kann man die Emotionen nur schwer verstehen, mit denen um dieses heiße Eisen einer Landreform gestritten wird. Offenbar gehört Landbesitz wie Sprache und Religion zu den Identitätsmerkmalen einer vorindustriellen Gesellschaft. Dagegen mit Argumenten der Vernunft anzugehen, ist so sinnlos, wie es volkswirtschaftlich keinen Sinn macht, gut bewirtschaftete Farmen zu enteignen, um sie unter Kleinbauern aufzuteilen, die damit ihre Eigenversorgung sicherstellen. 75 Milliarden Rand sind in den nächsten fünf Jahren für diesen Zweck vorgesehen. Wie korrekt man im Sinne der Verfassung bei den künftigen Enteignungen auch vorgehen mag, es wird durch solche Entschädigungsleistungen kein Kolben Mais und kein Sack Weizen mehr produziert. Im Gegenteil ist zu befürchten, dass durch eine Umstellung der Landwirtschaft auf die traditionelle Form des sogenannten *Subsistence Farming* die zukünftige Ernährung des Landes gefährdet wird.

Egal, welche Mittel man wählt, ob *Affirmative Action*, *Black Empowerment* oder eine Landreform, die Ungerechtigkeiten der Apartheid lassen sich dadurch nicht rückgängig machen. Es schafft auch nicht mehr Gerechtigkeit, wenn man für solche Maßnahmen eines Social Engineering die Rechtfertigung im Unrecht der Vergangenheit sucht. Wer gerechtere Verhältnisse in Südafrika herbeiführen möchte, wird sich auf die Zukunft konzentrieren müssen. Dabei gibt es wichtigere Aufgaben zu bewältigen, als einer kleinen Minderheit zu unverdientem Reichtum zu verhelfen.

Man wird die Wirtschaft sehr viel aufgeschlossener und kooperativer finden, wenn man den Anreiz für Investitionen in neue Unternehmen erhöht, an denen Schwarze gegebenenfalls mehrheitlich beteiligt sind, als wenn man bestehende Gesellschaften mit den Auflagen einer Politik belastet, die einen strafenden Charakter hat und im Übrigen rassistische Züge trägt. Die Schwarzen könnten dabei einen wirklichen Beitrag für den Erfolg solcher Gemeinschaftsunternehmen leisten und sich als gleichwertige Partner betrachten, anstatt als Galionsfiguren einer vordergründig schwarzen Beteiligung den äußeren Schein zu wahren.

Bei öffentlichen Projekten gibt es bereits eine Vielzahl solcher Gemeinschaftsunternehmen, bei denen die Zusammenarbeit im Rahmen von Partnerschaften zwischen der Privatwirtschaft und der öffentlichen Hand, den sogenannten PPPs (Public Private Partnerships) erfolgreich praktiziert wird. In Johannesburg laufen diese Projekte unter der Leitung von Blue IQ.

Als gemeinnützige Gesellschaft, an der die Stadt und die Provinzregierung von Gauteng beteiligt sind, wurde Blue IQ durch Gesetz vom 3. 10. 2003 (10) ins Leben gerufen, um einzelne Projekte als Kristallisationspunkte einer allgemeinen Erneuerung und Weiterentwicklung Johannesburgs voranzutreiben. Ich werde auf einige dieser insgesamt elf Projekte noch zu sprechen kommen. Obwohl diese Projekte, wenn sie alle einmal abgeschlossen sind, in sich gelungen sein mögen, sind sie nicht Selbstzweck, sondern Mittel zum Zweck einer strategischen Neuausrichtung, wodurch Johannesburgs Wirtschaft von der bislang vorherrschenden Grundstoffindustrie stärker in die Richtung einer verarbeitenden und allgemeinen Serviceindustrie gelenkt werden soll. Die ausgewählten Projekte sind dabei auf einen Multiplikationseffekt angelegt, durch den gleichgeartete Unternehmen oder Zulieferindustrien angezogen werden sollen. Die Privatwirtschaft leistet, abgesehen von ihrer Beteiligung an diesen Projekten, insofern einen zusätzlichen Beitrag, als nach bisheriger Erfahrung für jeden von Blue IQ investierten Rand privatwirtschaftliche Folgeinvestitionen im Wert von 13 Rand erfolgt sind.

Eines der interessantesten Projekte von Blue IQ ist Newtown, ein ehemaliges Sanierungsgebiet im Südwesten der Stadt, das zu einem Kulturzentrum Johannesburgs umgestaltet wurde. Um die Jahrhundertwende hieß das Gebiet des heutigen Newtown wegen seiner umfangreichen Lehmvorkommen Brickfields (Backsteinfelder), wo die Backsteine für das schnell wachsende Johannesburg hergestellt wurden. Als im April 1904 dort die Pest ausgebrochen war, wurde der gesamte Stadtteil niedergebrannt und im Oktober des gleichen Jahres als Newtown wieder neu aufgebaut. Danach war Newtown lange Zeit für seine riesigen Mühlenbetriebe und Zuckerraffinerien bekannt sowie für die Lebensmittelversorgung Johannesburgs im weiteren Sinne. So, wie die Markthallen in Paris dem Centre Pompidou Platz gemacht haben, sind die alten Industriegebäude von Newtown zum großen Teil einer Ansammlung von Museen, Theatern und Kultureinrichtungen gewichen, die dem Stadtteil den Ruf einer Kulturinsel eingetragen haben. Dazu gehören das Newtown Music Centre, das National Design and Craft Centre, ein Multimedia Centre, ein Dance Centre sowie das Africa Cultural Centre.

Unter den Museen ist das MuseuMAfricA besonders erwähnenswert. Anstatt die Markthallen des ehemaligen Obst- und Gemüsemarktes abzureißen, wurden diese Gebäude sozusagen architektonisch recycelt und in ein kulturgeschichtliches Museum Johannesburgs umgewandelt. Dort wird die Geschichte der Stadt nicht nur bis zur Entdeckung des Goldes im Jahr 1886, sondern bis auf die Entdeckung der ersten Hominiden, des Australopithecus, besser bekannt als *Little Foot* (11), vor ca. 3 Millionen Jahren in den nahe gelegenen Höhlen von Sterkfontein zurückverfolgt. Im Übrigen vermittelt das Museum ein eindrucksvolles Bild der sozialen Veränderungen Johannesburgs von den frühen *Mining Camps* bis zu den heutigen Siedlungen der Landbesetzer, den sogenannten *Squatter Camps*.

Mitten in Newtown liegt der Mary Fitzgerald Square, benannt nach der ersten weiblichen Gewerkschaftsführerin, die im historischen Streik der Bergarbeiter von 1922 (12) eine wesentliche Rolle spielte. Der Platz, wo früher die Demonstrationen der Arbeiter- und später der Antiapartheidbewegung stattfanden, dient heute nach seiner funktionellen und künstlerischen Umgestaltung als öffentlicher Rahmen für Freilichtveranstaltungen. Der Platz fasst 50.000 Menschen und hat mit 55 Quadratmetern den größten Bildschirm in Afrika. Bei der Fußballweltmeisterschaft 2010 wird der Platz als Fan Park dienen, in dem die Spiele öffentlich übertragen werden.

Der größte Stolz Newtowns aber ist das weltberühmte Market Theatre. Eigentlich sind es drei Theater, die neben einer Galerie, einem Restaurant und einem Jazzklub in dem gleichen Komplex untergebracht sind. Zur Zeit der Apartheid war das Market Theatre die künstlerische Plattform für den gewaltlosen Widerstand. Man war politisch, weniger im Sinne des üblichen Agitproptheaters, als dass man sich über die gesellschaftspolitischen Tabus des Apartheidregimes hinwegsetzte. Weder die Schauspieler noch das Publikum kümmerten sich um die gesetzlichen Vorschriften, die sie auseinanderhalten sollten. Wenn vor dem Hintergrund von Rassentrennung und dem Verbot gemischtrassischer Ehen Shakespeares *Othello* dort aufgeführt wurde, dann hatte das im südafrikanischen Kontext die gleiche Signalwirkung wie einst die Aufführung von Beaumarchais' *Der Tolle Tag oder Figaros Hochzeit* vor einem aristokratischen Publikum die Überfälligkeit des Ancien Régimes signalisierte. Theater, wenn es gut ist, hat noch immer etwas von dem Charakter einer »moralischen Anstalt«, wie sie Schiller einst vorschwebte. Für das künstlerische Niveau des Theaters bürgten Leute wie Barney Simon, Mannie Manim oder John Kani, die zu den Großen der südafrikanischen Theatergeschichte gehören.

Zum Theater und Newtown allgemein führt die Mandela Bridge, eine Hängebrücke, die nach ihrem Vorbild, der Verrazano Brücke in New York, gebaut und von Nelson Mandela am 20. Juli 2003 eingeweiht wurde. Da Newtown nur eine »Kulturinsel« und keine Insel wie Manhattan ist, führt auch die Brücke nicht über eine Hafeneinfahrt oder irgendeinen Fluss, sondern nur über die Rangiergleise des Johannesburger Hauptbahnhofs. Trotzdem ist sie mit einer Länge von 284 Meter die größte Hängebrücke in Afrika und inzwischen zu so etwas wie einem Wahrzeichen der Innenstadt Johannesburgs geworden. Die Mandela Bridge ist wie Newtown selbst ein Projekt der gemeinnützigen Gesellschaft Blue IQ.

Früher wohnten in Newtown beziehungsweise Brickfields, wie der Stadtteil damals hieß, hauptsächlich Inder, die in der sogenannten ehemaligen *Coolie Location* den unmenschlichsten Lebensbedingungen ausgesetzt waren. Seit der Mitte des neunzehnten Jahrhunderts hatten die Engländer die Inder als Gastarbeiter nach Südafrika geholt, wo sie auf den Zuckerrohrfarmen in Natal oder in den Goldminen Johannesburgs wie die Schwarzen als billige Arbeitskräfte ausgebeutet und menschlich entwürdigt wurden. Bis heute beträgt der Anteil der Inder an der südafrikanischen Bevölkerung unverändert ca. 2,4 %. Verglichen mit diesem demografisch eher geringen Anteil ist ihre Rolle im wirtschaftlichen und geistigen Leben Südafrikas weitaus bedeutender. Das ist nicht zuletzt auf den Einfluss zurückzuführen, den Gandhi während seines 21-jährigen Aufenthaltes in Südafrika auf die politische Entwicklung in diesem Land gehabt hat.

Gandhi war 1893 nach Johannesburg gekommen und bald danach mit der Regierung in Pretoria wegen des *Transvaal Asiatic Registration Act* aneinandergeraten. Das Gesetz sah vor, dass Inder durch ihren Fingerabdruck polizeilich erfasst und gezwungen werden sollten, den entsprechenden Ausweis stets bei sich zu tragen. Ein anderes Gesetz, der *Transvaal Immigration Restriction Act* sollte verhindern, dass die Inder, die während des Burenkrieges den Transvaal verlassen hatten, wieder dorthin zurückkehren. Gandhi hat anhand beider Gesetze, seine Theorie und Praxis des passiven Widerstands entwickelt. Es war übrigens ein deutscher Architekt namens Hermann Kallenbach, der Gandhi durch die kostenlose Überlassung der Tolstoj Farm unweit Johannesburgs den Freiraum und die finanzielle Unabhängigkeit verschafft hat, um sein Konzept des gewaltlosen Widerstands, der sogenannten *Satyagraha* (13), in der Gemeinschaft Gleichgesinnter zu verwirklichen.

Der ANC (14) verdankt Gandhi seine ersten Lektionen im Widerstand gegen Diskriminierung und gesetzlich verfügten Rassismus. In den ersten 50 Jahren seit seiner Gründung im Jahr 1912 ist der ANC Gandhis Idee des passiven Widerstands treu geblieben. Als er 1952 gemeinsam mit dem *South African Indian Congress* zum Widerstand gegen die Passgesetze, zu der sogenannten *Defiance Campaign* aufrief, gingen 8.000 Freiwillige lieber ins Gefängnis, als die Geldstrafe zu zahlen, zu der sie verurteilt worden waren, weil sie sich geweigert hatten, den verhassten Pass bei sich zu tragen. Erst als der ANC 1960 verboten wurde, ist er, nicht zuletzt auf Drängen Mandelas, zum bewaffneten Widerstand übergegangen.

Der bewaffnete Widerstand hat in Anbetracht der militärischen Überlegenheit des Apartheidregimes nicht viel auszurichten vermocht. Da waren Boykott und Sanktionen als gewaltlose Druckmittel schon wirksamer. Auch insoweit haben die Inder in der damaligen UDF (15), die hauptsächlich für den Boykott der weißen Geschäfte verantwortlich war, eine wichtige Rolle gespielt. Mandela hat auf seinem *Langen Weg zur Freiheit* (16) viele Weggefährten aus den Reihen der Inder gehabt. Nicht zuletzt daher erklärt sich die überproportionale Vertretung der Inder im politischen und öffentlichen Leben Südafrikas.

Die meisten Inder sind entweder Hindus oder Muslime. Anders als in vielen Teilen der Welt leben sie in Johannesburg friedlich beisammen und heiraten sogar untereinander. Ihre Religionszugehörigkeit bewirkt jedoch wie auch bei den Juden, dass sie sich vor allem mit dem Land ihres Glaubens und erst danach mit Südafrika verbunden fühlen. Wenn heute Inder und Südafrikaner sich in einem Cricket Match gegenüberstehen, das für beide Seiten wichtiger als die Fußballweltmeisterschaft ist, dann halten die Inder Südafrikas im Zweifel zu ihren Landsleuten aus Indien. Das bedeutet nicht, dass sie nicht auch loyale Südafrikaner wären. Als

Ahmed Kathrada, der bei dem Rivonia Hochverratsprozess zusammen mit Mandela zu lebenslanger Haft verurteilt worden war, nach 25 Jahren aus dem Pollsmoor Gefängnis entlassen wurde, war das für die Inder, was ein Jahr später die Freilassung Mandelas für die Schwarzen gewesen ist: die Verkörperung ihrer eigenen Befreiung in der Person ihrer jeweiligen Befreier.

Als solcher wird Gandhi auch heute noch von den Indern in Johannesburg angesehen. In Lenasia, wo die meisten von ihnen nach ihrer Zwangsumsiedlung im Rahmen des *Group Areas Act* (17) wohnen, erinnert in der Gandhi Hall ein lebensgroßes Standbild von ihm an sein politisches Vermächtnis. Auch in der Innenstadt Johannesburgs gibt es auf dem Gandhi Square ein Denkmal ihm zu Ehren. Der Platz hieß früher van der Bjil Square und war so heruntergekommen wie die gesamte Innenstadt. Gerald Olitzki, ein Grundstücksentwickler echten Johannesburger Formats, hat auf eigene Faust das Chaos der ehemaligen Bushaltestelle in einen modernen und übersichtlich gestalteten Verkehrsknotenpunkt der Innenstadt verwandelt. Heute ist der Platz als öffentlicher Raum mit angrenzenden Restaurants und Straßencafés ein beredtes Zeugnis dafür, was die Entschlossenheit und der Wille eines einzelnen Mannes zu bewirken vermögen. Insofern trägt der Platz zu Recht Gandhis Namen.

Man wird die Inder jedoch weniger auf dem Indian Square als vielmehr auf dem Oriental Plaza antreffen. Dort haben sie sich als geborene Händler für ihre natürliche Veranlagung den idealen Rahmen in Form eines indischen Basars geschaffen.

Der Oriental Plaza ist das Ergebnis einer Segregationspolitik, deren Unmenschlichkeit in ihr Gegenteil umgeschlagen ist. Mitte der Siebzigerjahre des vorigen Jahrhunderts wurden die Inder von der 14. Straße in Pageview, die wegen der vielen Geschäfte und der orientalischen Atmosphäre als die Petticoat Lane Südafrikas galt, zwangsweise auf das Gelände des heutigen Oriental Plaza umgesiedelt. Nach anfänglichem Widerstand ergriffen die Inder die Chance, die Geschäfte dort käuflich zu erwerben. Heute sind die Betreiber der über 360 Läden als Eigentümer ihr eigener Herr und können dementsprechend die Designer Moden und internationalen Labels bis zu 40 % billiger als ihre Wettbewerber in den teuren Geschäften von Sandton City anbieten. Das Angebot reicht von den typischen indischen Gewürzen über Schmuck, Bekleidung, Haushaltswaren und elektronische Geräte bis hin zur größten Auswahl an Stoffen in Afrika. Der Oriental Plaza ist sozusagen das Mekka Südafrikas für jeden, der gerne einkauft und noch lieber dabei verhandelt. Wenn man lange genug um den Preis gefeilscht hat, kommt man sich vor wie auf einem echten indischen Basar.

Es gibt nur noch einen anderen Platz in Johannesburg, wo man wie auf dem Oriental Plaza den Eindruck bekommt, gleichsam in eine andere Welt einzutauchen: Montecasino, die illusionäre Scheinwelt einer toskanischen Stadt mit engen Gassen, Straßencafés und Restaurants sowie all den anderen klischeehaften Details, von der Wäscheleine über der Straße bis zu den Tauben auf dem Balkon, um dem Ganzen ein italienisches Flair zu geben. So etwas bringen sonst nur noch die Amerikaner fertig. Man hat das Gefühl, in Italien zu sein, auch wenn man noch nie dort gewesen sein sollte. Man mag solche potemkinschen Fassaden und Attrappen à la Disneyland belächeln oder als Kitsch abtun, was sie wahrscheinlich auch sind, aber der Erfolg Montecasinos rechtfertigt das Konzept gegenüber allen Einwänden, die man sonst dagegen haben mag. Wie die bewusst falsche Schreibweise von Montecasino mit nur einem »s« verrät und es bei solchen Anlagen heute üblich ist, gehört auch ein Spielcasino mit dazu.

Früher, als die Buren politisch noch das Sagen hatten, war es verboten, um Geld zu spielen, so wie das Prospektieren nach Gold von ihren Vorfahren einst unter Strafe gestellt worden war. Das Verbot hat das Glücksspiel so wenig verhindern können, wie es sich als unmöglich erwiesen hat, den Goldrausch strafrechtlich zu unterdrücken. Um ihrer Spielleidenschaft ungestört frönen zu können, haben die Hüter der Apartheid unter dem fadenscheinigen Vorwand, dass die ehemaligen Selbstverwaltungsgebiete, die sogenannten *Homelands* (18) nicht mehr zu Südafrika gehörten, die Spielcasinos einfach dorthin verlegt. So ist, zwei Autostunden von Johannesburg entfernt, Sun City, eine Art südafrikanisches Las Vegas, im politischen Niemandsland von Bophutatswana entstanden. Da praktisch nur Johannesburger dorthin fuhren, um ihre von der Apartheid unterdrückten Laster auszuleben, gehört Sun City soziologisch gesehen zu Johannesburg und ist eine der wenigen Attraktionen, die die Stadt zu bieten hat.

Heute sind es vor allem die Shows internationaler Stars in der sogenannten *Super Bowl*, einer riesigen Veranstaltungshalle mit über 6.000 Sitzplätzen, die zur besonderen Anziehungskraft von Sun City gehören. Queen, Elton John, Linda Ronstadt, Julio Iglesias, Ray Charles, Rod Stewart, kurz alles, was in der internationalen Unterhaltungsindustrie Rang und Namen hat, ist hier aufgetreten; damals noch unter Umgehung des über Südafrika verhängten kulturellen Boykotts offiziell »außerhalb« Südafrikas. Die Welt ist offenbar nicht weniger scheinheilig, wenn es um hohe Gagen geht, als es die Apartheid mit ihrem Konzept der *Homelands* gewesen ist.

Als die Preisgelder im Golf noch nicht jedes Maß wie die Transferzahlungen im Fußball verloren hatten, war der *Nedbank Million Dollar Golf Challenge* ein international angesehenes und beliebtes Golfturnier, bei dem jeweils zehn der weltweit besten Golfer eingeladen waren, wobei nur der Sieger die damals unerhörte Summe von einer Million Dollar Preisgeld gewinnen konnte. Der von Gary Player entworfene Golfplatz gehört auch heute noch zu den 20 schönsten in der Welt.

The Palace of the Lost City, ein Hotel aus der Märchenwelt des südafrikanischen Hotelmagnaten Sol Kerzner, das die Legende von einem durch Erdbeben zerstörten Palast im *Tal der Sonne* wiederbeleben soll, ist offenbar mehr dazu gedacht, die Besucher durch die schiere Opulenz in Staunen zu versetzen, als dass man sich in dem überladenen Dekor wohlfühlen könnte.

Sun City insgesamt ist so künstlich wie Johannesburg selbst: Palmen und tropische Vegetation in einer kargen, von Dürre geprägten Landschaft, Palastbauten und Luxus, wo es sonst nur armselige Hütten und Hunger gibt. Es ist eine fast zynische Demonstration dessen, was sich mit Geld aus den widrigsten Umständen machen lässt. Insofern ist Sun City gewissermaßen das künstlich aus dem Nichts erstandene Ebenbild Johannesburgs.

Das Neue Südafrika war politisch noch kaum installiert, als man nichts Eiligeres zu tun hatte, als das Verbot des Glücksspiels aufzuheben und einen Ausschuss für die Vergabe von Casino-Lizenzen ins Leben zu rufen. Der sogenannte Gambling Board hat von seinem Ermessen seitdem ausgiebig Gebrauch gemacht. Inzwischen sind in und um Johannesburg sechs neue Spielcasinos entstanden: das bereits erwähnte Montecasino, Emperors Palace, Carnival City, Carousel, Silver Star und Gold Reef City. Es sieht so aus, als sollten die Spielcasinos die Hoffnung aus der Goldgräberzeit wachhalten, dass man auch heute noch über Nacht reich werden kann.

Das Casino von Gold Reef City ist hauptsächlich wegen seiner unmittelbaren Umgebung erwähnenswert. Gold Reef City ist ein in den Achtzigerjahren auf dem Gelände einer ehemaligen Goldmine angelegter Vergnügungs- und Themenpark à la Disneyland, wo man anhand einer detailgetreuen Nachbildung ehemaliger Häuser und Straßenzeilen im Stil der Zeit die Atmosphäre des frühen Johannesburg schnuppern kann. Der Vergnügungspark liefert als Ergänzung zur nostalgischen Aufbereitung der Vergangenheit die Abwechslung und Unterhaltung von heute mit dazu: Achterbahn und Riesenräder, Wildwasserfahrten und Schreckerlebnisse im *Golden Loop* oder dem *Tower of Terror*, Stammestänze und Fernsehshows im Hippodrome Theater, wo unter anderem *Idols*, die südafrikanische Version von *Deutschland sucht den Superstar* stattfindet.

In einem zur Besichtigung freigegebenen Bergwerk kann man sich selbst einen Eindruck von den unmenschlichen Bedingungen verschaffen, unter denen das Gold abgebaut wird. Freiwillig verdient so keiner sein Geld. Auch die Schwarzen haben sich anfänglich dagegen gesträubt, bis sie indirekt dazu gezwungen wurden, indem sie mit einer Steuer für ihre Hütten, der sogenannten *Hut Tax* belastet wurden, die sie nur aufbringen konnten, wenn sie das Geld dafür in den Goldminen verdienten. Die *Hut Tax* betrug zwar nur 1 Rand pro Jahr, aber die Löhne waren so gering, dass sie drei Monate dafür arbeiten mussten. Kein Wunder, dass sie sich lieber an das Glücksspiel halten, um reich zu werden. Die Hüttensteuer von einst wird heute leichtfertig in einem der 1.600 Spielautomaten des Casinos von Gold Reef City verspielt.

Um die Lizenz für das Casino zu erhalten, musste der heutige Betreiber Akani Egoli dem Gambling Board nachweisen, dass eine Belebung des Tourismus damit verbunden ist. In Erfüllung dieser Auflage verpflichtete sich Akani Egoli, in unmittelbarer Nähe zu dem Casino ein Museum, das heutige Apartheid Museum, zu bauen. Der Entwurf des Museums stammt von einem Planungsteam, an dem mehrere Architekturfirmen beteiligt waren. Das Gebäude strahlt eine Atmosphäre formaler Strenge und Ehrlichkeit aus. Es ist eine Architektur, der man glaubt, was sie politisch vermittelt. Gleich am Eingang des Museums verkörpern sieben riesige Betonstelen die Säulen der südafrikanischen Verfassung; neben *Freiheit*, *Gleichheit* und *Gerechtigkeit* als Errungenschaften der Französischen Revolution, auf die der größte Teil der Bevölkerung bis 1994 hat warten müssen, gehören dazu Werte wie *Verantwortung*, *Vielfalt*, *Respekt* und *Versöhnung*, die als spezifische Verfassungskriterien zum Demokratieverständnis unserer *Rainbow Nation* gehören. Insbesondere bis zur Versöhnung war es ein langer Weg, wie in Mandelas Buch unter dem gleichnamigen Titel nachzulesen und anhand der Ausstellung im Innern des Museums nachzuerleben ist.

Wenn man das Gebäude durch einen Eingang betritt, der im Sinne ehemaliger Segregation *For Whites or Non-Whites Only* reserviert ist, spürt man, je nachdem welchen Eingang man benutzt hat, sozusagen am eigenen Körper die gleichsam physische Demütigung oder Scham, die mit der grundrechtswidrigen Klassifizierung der Menschen nach Rassenzugehörigkeit verbunden war. Ist man einmal in dem Gebäude, dann lassen einen die Bilder, Videos und Ausstellungsstücke nicht mehr los, die ein System bloßstellen, das in teuflischer Konsequenz mit jedem neuen Gesetz und jeder neuen Maßnahme zur Rassendiskriminierung das Selbstwertgefühl und die Würde der Menschen in diesem Land systematisch verletzt hat, bis nur noch erbitterter Hass übrig blieb. Auch davon liefern die Bilder, Filme und Exponate eindringliche Beweise; von dem geheimen und offenen Widerstand der schwarzen Bevölkerung; von Sharpeville und Boipatong; von dem Aufstand der Jugend am 16. Juni 1976 in Soweto und von den Unruhen in den Townships, den brennenden Schulen, Häusern und Autos als verlustreiche Etappensiege einer Kampagne, die darauf angelegt war, Südafrika unregierbar zu machen. Je gewalttätiger der Widerstand sich gebärdete, umso massiver war jedes Mal der Einsatz von Gewalt, um ihn zu unterdrücken. Als beide Parteien ihre Pattsituation erkannten und die kommunistische Belastung des Konflikts als Folge von Perestroika keine Rolle mehr spielte, kam man endlich zusammen, um eine gemeinsame Lösung zu finden.

Von da an werden die Bilder freundlicher: der Filmmitschnitt von de Klerks historischer Rede am 2. Februar 1990, womit die Demontage der Apartheid begann; von der Freilassung Mandelas und den ersten Verhandlungen CODESAS (19) zur verfassungsrechtlichen Neugestaltung Südafrikas. Der Mord an Chris Hani (20) droht noch einmal, alles zu gefährden, bis die Bilder von den Wahlen am 27. 4. 1994, als Schwarz und Weiß in kilometerlangen Schlangen einträchtig miteinander anstanden, um ihre Stimme abzugeben, den Beginn einer neuen Ära dokumentieren.

Wenn man schließlich durch das ganze Museum wie durch ein Purgatorium hindurch ist, dann gelangt man kurz vor dem Ausgang in einen Raum der Stille und Besinnung wie in einen Andachtsraum, wo die Verfassung wie ein Grundstein der Hoffnung in den Boden eingelassen ist und wo die Steine, die man dort zum Andenken an die Opfer der Apartheid zurücklässt wie die Bausteine zum Aufbau des Neuen Südafrika verpflichten. So unmenschlich die Apartheid gewesen sein mag, so hoffnungsvoll verlässt man das Museum, das zugleich ihre Schrecken wie ihre Überwindung dokumentiert.

Ich würde mir wünschen, dass es auch in Deutschland neben dem Mahnmal für die Opfer des Holocaust ein Museum der Hoffnung gäbe, das als geistiges Vermächtnis den deutsch-jüdischen Beitrag zu unser aller kulturellem Erbe würdigt und dazu verpflichtet, dort weiterzumachen, wo die Mendelssohns und Lessings, die Klemperers und Kantorowicz, die Liebermanns und wie sie sonst alle heißen mögen aufgehört haben, die in einer glücklichen Symbiose das Beste an deutschem und jüdischem Geist in sich vereinigt und kulturell fruchtbar gemacht haben.

So seltsam es berühren mag, sich unmittelbar nach dem Besuch des Apartheid Museums in einem Erlebnis- und Vergnügungspark wiederzufinden, der den Goldrausch von einst nostalgisch verklärt, so ursächlich gehören beide zusammen. Ohne Gold kein Johannesburg und ohne die Goldminen von Johannesburg keine Apartheid. Präsident Kruger hatte offenbar recht, als er voraussagte, dass wer Gold entdeckt, Unheil findet. Die Prophezeiung ist gleichsam der schicksalhafte Hintergrund für die zwei Gesichter Johannesburgs. Wenn man von der Aussichtsterrasse des Apartheid Museums nach Norden blickt, dann zeigt sich Johannesburg von seiner besten Seite: eine imposante Skyline, die Egoli, der Stadt des Goldes, alle Ehre macht; im Rücken dahinter, abgeschirmt von einer hohen Mauer, damit man nichts davon sieht, dann das andere Gesicht, die Kehrseite Egolis, eine Art lebendes Apartheid Museum: Soweto, das schandbare Getto Johannesburgs.

Soweto ist ein Akronym und steht für South Western Townships, was so viel und nicht mehr besagt, als dass Soweto im Südwesten Johannesburgs liegt. Der Ursprung Sowetos sagt dagegen schon etwas mehr über die Stadt aus und ist sozusagen der Auftakt für ihre Ausgrenzung im Sinne der erst später systematisch betriebenen Apartheidpolitik.

Als 1904 in Johannesburg mehrere Fälle von Pest aufgetreten waren, die eine Ausbreitung der Epidemie befürchten ließen, wurden 118 Schwarze, die davon befallen zu sein schienen, als Vorsichtsmaßnahme auf die Farm Klipspruit im Südwesten Johannesburgs ausgesiedelt. Die Farm umfasst heute das Gebiet von Kliptown und ist als Ausgangspunkt für die insgesamt 32 später hinzugekommenen Townships der selbstbewusste Ursprung Sowetos. Hier wurde am 26. Juni 1955 die Freiheitscharta des ANC verabschiedet, die mit vielen ihrer Grundgedanken Eingang in die südafrikanische Verfassung gefunden hat. Der Walter Sisulu (21) Gedenkplatz in Kliptown ist diesem Befreiungsakt eines rechtlichen Aufbegehrens gewidmet. 2005 als Gemeinschaftsprojekt von Blue IQ und der Stadt Johannesburg offiziell eröffnet, gemahnt der Platz heute an den demokratischen Ursprung des Neuen Südafrika. Dort ist im Innern eines Turms, der in seiner konischen Form an die Ruinen von Simbabwe erinnert, die Freiheitscharta auf zehn kreisförmig angeordneten Steintafeln eingemeißelt, als wären es die zehn Gebote, die Mandela wie Moses seinem Volk gebracht hat.

Bis zum Jahre 1964 gab es für das bis dahin auf 1,5 Millionen Einwohner angewachsene Township-Konglomerat keine offizielle Bezeichnung. Ein Wettbewerb, der von der Johannesburger *Place Names Commission* veranstaltet worden war und ein Preisgeld von 10 Pfund (22) für den besten Vorschlag ausgesetzt hatte, verlief im Sand, weil Soweto sich längst unter der schwarzen Bevölkerung als Name für ihre Stadt durchgesetzt hatte.

Am 16. Juni 1976 trat Soweto erstmals in das Bewusstsein der Weltöffentlichkeit. Es ist der Tag, an dem die Jugend Sowetos mit der Ablehnung von Afrikaans als Unterrichtssprache der Welt zu verstehen gab, dass die Zeit der Unterwürfigkeit und Duckmäuserei vorbei war. Seitdem steht Soweto für die Auflehnung der schwarzen Bevölkerung gegen das Apartheidregime und ist in ihrem Bewusstsein so etwas wie ein Symbol für die mit dem Widerstand erlangte Freiheit. Andere Townships, wie etwa Alexandra oder Evaton haben maßgeblich zu dem Erfolg des Widerstandes beigetragen, aber keine andere Stadt hat auch nur annähernd den gleichsam mythischen Status von Soweto erlangt. Soweto hat, was den internationalen Bekanntheitsgrad anbelangt, Johannesburg längst den Rang abgelaufen. Wer heute als Tourist nach Südafrika kommt, will nicht Johannesburg, sondern Soweto sehen. Dabei sind beide Städte voneinander abhängig wie siamesische Zwillinge, die ihre Lebensfähigkeit der Ergänzung durch den anderen verdanken. Als Gegensätze bedingen sie sich gegenseitig, wie Schwarz und Weiß oder Arm und Reich. Nur in ihrer Größe sind sie einander fast gleich.

Heute leben in Soweto ca. 3,5 Millionen Menschen. Die Schätzungen gehen stark auseinander. Die Statistik für die Lebenden ist so unzuverlässig wie für die Toten, bei denen Aids als Todesursache so hartnäckig geleugnet wird, wie die Infektion damit aus Angst vor sozialer Ausgrenzung verschwiegen wird. Insofern ist die unverständliche Handhabung des Aidsproblems durch Thabo Mbeki und seine Regierung nichts anderes, als die ins Politische übertragene Verstocktheit einer allgemeinen Haltung gewesen, die das Problem nicht wahrhaben will.

Aids ist heute in Soweto, was Lepra im Mittelalter in vielen Städten Europas war; nicht ganz so erbarmungslos in der Zwangsisolierung der davon Betroffenen, dafür um so unerbittlicher in der tödlichen Konsequenz. Wer am Wochenende mit dem Auto in Soweto unterwegs ist, tut gut daran, mehrere Staus in seine Fahrtzeit mit einzukalkulieren, um all die Beerdigungskolonnen vorbeizulassen, die an jeder größeren Straßenkreuzung in regelmäßigen Abständen vorbeikommen und den Verkehr aufhalten. Es ist als sei ganz Soweto auf dem Weg zum Friedhof. Dort ist bald kein Platz mehr für all die Toten. Auf dem Avalon Friedhof allein liegen über 700.000 Tote, zum Teil übereinander begraben, enger zusammengepfercht als ihre Angehörigen in den viel geschmähten *Match Box Houses* Sowetos. Wenn an Wochenenden regelmäßig mehr als 100 Beerdigungen dort stattfinden, kann es bei dem Gedränge passieren, dass die Trauernden, weil sie nicht bis ans Grab selbst vordringen, den falschen Toten beweinen.

Da Begräbnisse mit einem großen Aufwand verbunden und dementsprechend teuer sind, spart jeder für seine eigene Beerdigung und zahlt, auch wenn er noch so wenig verdient, gewissenhaft seine monatlichen Beiträge zu einer Begräbnisversicherung. Zu einer Lebensversicherung reicht es danach meist nicht mehr. Eine würdige Beerdigung ist die erste Ehrerbietung, die man den Verstorbenen als künftigen Ahnen erweist. Da die Ahnen im Leben der Schwarzen so etwas wie ein personifiziertes Gewissen sind, ist man ständig mit ihnen in Kontakt und fragt sie um ihren Rat im täglichen Leben, wo sie in der Welt der guten und bösen Geister eine Art Mittlerrolle spielen.

Ansonsten ist das Leben in Soweto von einem Zusammengehörigkeitsgefühl geprägt, wie es oft entsteht, wenn Menschen einem gemeinsamen Schicksal ausgeliefert sind, das sich nur ertragen lässt, wenn man zusammenhält. Dabei spielt auch der Geist von Ubuntu (23) eine Rolle, wovon später noch die Rede sein wird. Die Nachbarn kennen sich noch untereinander und helfen sich gegenseitig, wenn einer auf Hilfe angewiesen ist. Wenn in der Nachbarschaft jemand heiratet oder stirbt, nehmen alle, die in der gleichen Straße wohnen, an der Hochzeits- oder Trauerfeier wie eine erweiterte große Familie teil. Auch wenn die sogenannten *Match Box Houses* noch so klein und beengt sind, wohnen in ihnen mehrere Generationen zusammen. Die Alten werden nicht wie in der westlichen Welt ausgegrenzt, sondern spielen eine wesentliche Rolle in der Führung des Haushalts und bei der Erziehung der Kinder. Da in den Häusern kaum Platz ist, spielen die Kinder hauptsächlich auf der Straße und sind glücklicher dabei als ihre weißen Altersgenossen vor den Bildschirmen in den virtuellen Spielzentren der Shopping Malls.

Auch sonst spielt sich das Leben in Soweto mehr als in den weißen Wohngebieten weitgehend auf der Straße ab. Seit Soweto wieder zum Verwaltungsgebiet von Johannesburg gehört, ist Soweto schöner geworden. Die wichtigsten Straßen haben eine Straßenbeleuchtung, und in vielen Teilen der Stadt gibt es Sportanlagen und öffentliche Parks. Wenn man heute auf der Hauptzufahrtsstraße, der Chris Hani Road, nach Soweto hineinfährt, dann ist kein Unterschied mehr zum Nicol Highway, der Hauptverbindungsstraße zu den reichen nördlichen Vororten Johannesburgs, zu erkennen. Der Mittelstreifen ist bepflanzt und wie die Republic Road in Sandton in einem ornamentartigen afrikanischen Muster mit weißen und braunen Kieseln ausgelegt. Der Hauptsammelplatz für Taxis gegenüber dem Chris Hani Baragwanath Hospital hat sich von einem verkehrstechnischen Chaos und gefährlichen Kriegsschauplatz der Taxi Wars zu einer gut organisierten Verteilerstation des wichtigsten öffentlichen Verkehrsmittels, der Black Taxis, entwickelt. South Gate, ein riesiges Einkaufszentrum im Süden Johannesburgs, ist heute für Soweto, was Sandton City für die Einwohner Sandtons ist. In Soweto selbst sind mehrere Shopping Malls entstanden, die wie beispielsweise die Jabulani Mall oder Maponya Mall in nichts den gleichartigen Einkaufszentren in den Vororten Johannesburgs nachstehen. Es ist, als ob die Vision des ehemaligen Innenministers Connie Mulder, der bereits zu

Zeiten der Apartheid aus Soweto eine moderne Stadt machen wollte, nun endlich Wirklichkeit würde.

Zum traditionellen Leben in Soweto gehört der sonntägliche Gottesdienst. Die meisten Schwarzen in Soweto sind Christen oder gehören einer Kirche an, in der christliche und afrikanische Glaubensvorstellungen zu einem religiösen Quodlibet verschmolzen sind. Die größte Kirche Sowetos ist Regina Mundi, eine zwischen Rockville und Moroka mitten im Herzen von Soweto gelegene römisch-katholische Kirche, die seit ihrer Restaurierung 1997 eine beliebte Besichtigungsstation für Touristen aus aller Welt ist. Zur Zeit der Apartheid war die Kirche Zufluchtsort für Aktivisten und geistiger Mittelpunkt des Widerstands. Man sprach und spricht auch heute noch von Regina Mundi als von der *Kirche der Nation* oder der *Kathedrale des Volkes*. Von 1995 bis 1998 fanden hier die Sitzungen der *Truth and Reconciliation Commission* statt. Heute dient die Kirche nur noch dem sonntäglichen Gottesdienst; 2.000 Menschen haben dort Platz, was oft nicht reicht, sodass die Besucher großer Gottesdienste mit den 5.000 weiteren Stehplätzen vorliebnehmen müssen. Dabei wird nicht nur Gott gefeiert und geehrt.

Die meisten Schwarzen glauben zwar an Gott, fürchten aber ebenso die natürlichen und übernatürlichen Kräfte, denen jeder ausgesetzt ist. Man glaubt an Geister *und* an Gott, so wie man zu einem Sangoma (24) und zu einem Arzt geht, um nicht den ganzen Glauben auf eine Karte zu setzen. Es geht deshalb beim Gottesdienst nicht wie nach christlichem Verständnis um eine vom normalen Leben abgehobene Veranstaltung zur Ehre Gottes, sondern um die Einbeziehung Gottes in die alltägliche Erfahrung eines spirituell sehr viel komplexeren Lebens. Auch das soziale Leben ist nicht wie nach westlichem Verständnis in einen öffentlichen und einen privaten Bereich getrennt, sondern ist aus afrikanischer Sicht in seiner Gesamtheit der existenzielle Lebensrückhalt im Sinne einer kollektiven Selbsterfahrung.

Wahrscheinlich ist darin auch der Grund zu suchen, weshalb viele Schwarze, die im Hochgefühl ihres sozialen Aufstiegs und ihrer hoch dotierten Ämter in die teuren Vororte im Norden Johannesburgs gezogen waren, jetzt wieder nach Soweto zurückkehren, um der Einsamkeit und Entfremdung eines individualistischen Lebensstils zu entfliehen. Vielleicht vermissen sie aber auch nur die Shebeens (25) von Soweto, so etwas wie die deutsche Kneipe um die Ecke oder eine Art afrikanisches Pub. Zur Zeit der Apartheid waren die Shebeens politische Unruheherde und eher deshalb verboten als wegen der fehlenden Lizenz zum Ausschank von Alkohol. Heute sind die Shebeens zugelassen und dienen als Treffpunkt für die Jugend, um Kwaito (26) zu hören, oder für die Alten, um dort über Gott und die Welt zu diskutieren und vor allem viel Umgombothi, ein aus Hirse gebrautes traditionelles afrikanisches Bier zu trinken. Inzwischen gehört der Besuch eines Shebeens zur touristischen Attraktion eines Sowetoaufenthaltes.

Ich stehe dort, wo jeder Tourist zwischen Sun City und Krügerpark nach einer Rundfahrt durch Soweto unweigerlich landet: am Grab von Hector Pieterson (27). Früher mussten die Wenigen, die in Südafrika noch Urlaub machten, sich das Voortrekker Monument oder das Geburtshaus von Paul Kruger in Pretoria ansehen. So erfindet sich jede Bevölkerungsgruppe ihre eigene leidvolle Geschichte und feiert deren Opfer als ihre Helden.

Ich erinnere mich an den Soweto-Aufstand von 1976: Kinder, die Steine warfen und vor den Kugeln flohen, die als unmenschliche Erwiderung auf den Unmut der Jugend wahllos in die Menge geschossen wurden. Das erste Opfer war Hector Pieterson, verewigt im Foto eines Reporters, der den Jungen wie nach einer Kreuzabnahme vor dem Hintergrund einer fliehenden Menschenmenge aufgenommen hatte. Das Bild ging damals um die ganze Welt: eine Mater dolorosa Afrikas.

Heute gilt der Soweto-Aufstand von 1976 als eine Art Wasserscheide im Kampf der schwarzen Mehrheit um die politische Macht. Damals war er das zufällige Aufflackern eines äußeren Widerstandes als Ausdruck einer inneren Verzweiflung, vergleichbar mit dem 17. Juni 1953 in Berlin, ohne Aussicht auf eine Änderung der Verhältnisse. Die Macht der Herrschenden war noch nicht brüchig genug, um sich selbst aufzugeben. Unter den Schwarzen wurde der Jahrestag des Soweto-Aufstandes fast am gleichen Tag und genauso redefreudig wie in Westdeutschland der Tag der Deutschen Einheit gefeiert. In beiden Fällen aber mussten die Menschen noch viele Jahre warten, bis aus dem Traum von der Freiheit Wirklichkeit wurde.

Die Parallele zu Deutschland ist noch in einer anderen Hinsicht aufschlussreich und relevant: So mutig die Menschen damals gewesen sein mögen, als sie auf die Straße gingen und Steine warfen oder verkündeten: *Wir sind das Volk!* – die eigentliche geschichtliche Wende, die damit in Verbindung gebracht wird, ist nicht von ihnen auf dieser Bühne herbeigeführt worden, sondern wie meistens hinter den Kulissen, von Gorbatschow und de Klerk. De Klerks Rede vom 2. Februar 1990 hatte im südafrikanischen Kontext die gleiche Bedeutung wie der Fall der Berliner Mauer für die deutsche Wiedervereinigung.

Wie verrucht und inhuman auch immer das Apartheidregime gewesen sein mag, es hätte sich selbst 1990 noch wie auch die DDR ohne Weiteres zehn oder 20 Jahre lang halten lassen. Es ist keine Schande für den ANC, dass er unter allen Befreiungsbewegungen in Afrika militärisch gesehen die schwächste war und mit Rücksicht auf die Stärke des Gegners die geringste Aussicht auf Erfolg hatte. Was der ANC dagegen für sich in Anspruch nehmen darf und worin die sehr viel größere Leistung als in irgendwelchen Terroranschlägen besteht, ist die Besonnenheit, mit der diese Organisation den friedlichen Wandel in Südafrika gemeinsam mit den Weißen herbeigeführt hat und sich noch immer darum bemüht. Mandela hat nicht die geschichtliche Bedeutung erlangt, die ihm heute zukommt, weil er den gewaltsamen Umsturz wollte und als Widerstandskämpfer 27 Jahre lang im Gefängnis gesessen hat, sondern weil er die menschliche Größe und staatsmännische Weitsicht hatte, seine eigene Leidensgeschichte in eine Politik der Versöhnung und der Verständigung umzusetzen.

Über de Klerk ist die Geschichte hinweggegangen wie über Gorbatschow. Die Menschen wollen keine Reformer, die den Anfang machen, sondern entweder Vollender wie Mandela oder Opfer wie Hector Pieterson; die eignen sich besser zur Verewigung in einem Denkmal

Es versteht sich deshalb von selbst, dass auch Johannesburg ein Mandela-Denkmal hat. Auf dem ehemaligen Sandton Square in Sandton steht er überlebensgroß und hat dem Platz seinen neuen Namen Mandela Square gegeben. Man hätte Mandela gern ein besseres Standbild gewünscht. Eine Kultfigur, die *toyit toyit* (28) in Überlebensgröße, ist so unangemessen, wie wenn man die Laokoon-Gruppe in Miniatur nachbildet. Da stimmen einfach die formalen und geistigen Proportionen nicht. Als Treffpunkt für all die Menschen unterschiedlichster Herkunft, die sich dort verabreden und dem Platz dieses kosmopolitische Flair geben, hat die Mandela-Statue einen neuen Sinn erhalten. Da ist Madiba (29) richtig an seinem Platz der *Rainbow Nation*.

Der Begriff der *Rainbow Nation* ist von Erzbischof Desmond Tutu geprägt worden, für den die Symbolik zunächst eine religiöse und kulturelle war. In der afrikanischen Kultur, insbesondere der der Xhosa, bedeutet der Regenbogen die Einleitung einer glänzenden Zukunft; in der biblischen Schöpfungsgeschichte ist er das Zeichen für den Friedensbund, den Gott nach der Sintflut mit den Menschen geschlossen hat. Als politisches Programm der Versöhnung unter den verschiedenen Bevölkerungsgruppen Südafrikas ist die *Rainbow Nation* von Mandela aus der Taufe gehoben worden. Auf dem Mandela Square scheint sein Programm aufzugehen und die Vision der *Rainbow Nation* Wirklichkeit geworden zu sein. So friedlich es auf dem Platz zugehen mag, so wenig ist damit über die eigentliche Problematik des Begriffs der *Rainbow Nation* ausgesagt.

Je nachdem wie sich die einzelnen Bevölkerungsgruppen von einander unterscheiden, ergeben sich die üblichen Konflikte zwischen Schwarz und Weiß, zwischen Einheimischen und Ausländern, zwischen religiösem Fundamentalismus und Säkularisation oder zwischen Mehrheiten und Minderheiten. Vielfach wird so getan, als sei die *Rainbow Nation* bereits die Lösung all dieser Probleme. Begriffe aber lösen keine Probleme, sondern bringen sie nur auf den Punkt.

Die ganze Idylle einer *Rainbow Nation* mit ihren verschiedenen Nationalitäten spielt sich vor dem Hintergrund einer schwarzafrikanischen Mehrheit ab, die für ihr eigenes Selbstverständnis wenig damit anfangen kann. Für sie handelt es sich dabei entweder um koloniale Nachwehen oder um demokratische Zugeständnisse an ausländische Minderheiten. Solange eine weiße Minderheit das politische und kulturelle Leben in Südafrika bestimmte, waren all die anderen Minderheiten sozusagen Mittel zur eigenen Selbstbestätigung und -rechtfertigung. Heute liegt darin die Problematik der

Rainbow Nation oder, wie anderswo, die Ratlosigkeit multikultureller Gesellschaftsentwürfe beschlossen. Es besteht die Gefahr, dass sich die *Rainbow Nation* wie ein Regenbogen wieder auflöst und in ihre verschiedenen Bevölkerungsgruppen auseinanderfällt.

In der Tat gibt es heute in Südafrika viele kritische Stimmen, die den Begriff der *Rainbow Nation* nur noch als ein Schlagwort politischer Propaganda abtun, das die noch immer andauernden Probleme unserer Vergangenheit übertüncht und damit einer wirklichen Aussöhnung im Wege steht. Was auch immer propagandistisch an der Regenbogenmetapher für die Einheit durch Vielheit erscheinen mag, so ist sie doch auch voller Hoffnung und Leitbild für eine Gesellschaft, in der in Zukunft Rassenunterschiede keine Rolle mehr spielen.

In diesem Sinne funktioniert sie am besten im unbefangenen Umgang der Kinder miteinander. Ich erinnere mich noch oft und gern an den Besuch meiner Mutter zu Weihnachten 1979, als wir mit den Kindern am Zoo Lake unter freiem Himmel Weihnachtslieder gemeinsam mit den Kindern aller Hautfarben gesungen haben. Meine Mutter hat das Erlebnis nie vergessen und noch Jahre danach davon gesprochen, als hätten die Kinder bereits damals den Weg in die Zukunft gewiesen. Heute spielen auf dem Mandela Square um den Springbrunnen herum Kinder aller Rassen genauso unbefangen miteinander, ohne sich ihrer unterschiedlichen Hautfarbe bewusst zu sein. Was befällt die Menschen, wenn sie älter werden und plötzlich feststellen, als wären sie aus dem Paradies vertrieben worden, dass sie nicht wie vor Gott alle gleich, sondern anders sind und sich als Rassen durch dieses Anderssein getrennt fühlen, geschieden durch Zahlenverhältnisse in Mehrheiten und Minderheiten, verstrickt in Angst und Macht?

Man kann die Angst in Macht umkehren und durch einen rücksichtslosen Gebrauch davon sich als Minderheit behaupten. Das haben wir Gott sei Dank hinter uns. Die Zukunft unserer *Rainbow Nation* aber wird davon abhängen, welchen Gebrauch die Mehrheit *heute* von der Macht ihrer zahlenmäßigen Überlegenheit macht. Eine Macht, die sich behaupten muss, geht zwar rücksichtslos dabei vor, erfährt aber gleichzeitig durch den ihr innewohnenden Zweck auch ihre Selbstbeschränkung. Wer aufgrund der Mehrheitsverhältnisse nicht zu befürchten braucht, die Macht je zu verlieren, droht aus Übermut, willkürlich damit umzugehen. Darin liegt die Gefahr ethnischer Mehrheiten, die ihre Macht immer wieder zum Terror eines sogenannten *Ethnic Cleansing* missbrauchen.

Es ist Mandelas großes Verdienst gewesen, dass er für die Aussöhnung zwischen Schwarz und Weiß den Ton angegeben und das Beispiel vorgelebt hat. Ich werde nie den Augenblick vergessen, als er unmittelbar nach seiner Wahl zum Präsidenten in einem voll besetzten Fußballstadion die schwarze Menge, die glaubte, ihn jetzt allein für sich zu haben, nach dem siegesbewusst gesungenen *Nkosi Sikelel' iAfrica* (Gott segne Afrika) dazu zwang, auch die *Stem*, die Nationalhymne der Weißen, zu singen, weil aus ihr die gleiche Liebe zu Südafrika herauszuhören ist. Allein das Konzept einer *Rainbow Nation* sowie das allgemeine Bekenntnis zu ihr ist mehr, als die Weißen nach mehr als 40 Jahren Apartheid erwarten konnten.

Was die Weißen aus der Vergangenheit nicht wahrhaben wollen, dem versperren sich die Schwarzen in der Gegenwart, indem sie noch immer die *Legacy of Apartheid* für ihre eigenen Unzulänglichkeiten und für alle Missstände in Südafrika verantwortlich machen möchten. Das Erbe, das die Weißen hinterlassen haben, ist aber nicht nur die Schande der Apartheid, sondern auch das Vermächtnis eines wirtschaftlich, organisatorisch und infrastrukturell hoch entwickelten Landes und damit die Basis einer Hoffnung, wie sie sonst nirgendwo in Afrika besteht. Wenn die Schwarzen nicht riskieren wollen, dieses Erbe zu verlieren, sondern bereit sind, gemeinsam mit den Weißen darauf aufzubauen, dann hat der Traum vom Neuen Südafrika eine echte Chance, Wirklichkeit zu werden.

Wenn Mandela die *Rainbow Nation* gleichsam personifiziert, dann ist das gegenständliche Sinnbild dafür der Constitution Hill, der Hügel, auf dem der südafrikanische Verfassungsgerichtshof seinen Sitz hat. Man ermisst die Bedeutung eines solchen Gerichts erst richtig, wenn man es vor dem Hintergrund einer Rechtsauffassung sieht, für die das Parlament als gesetzgebendes Organ im Sinne der englischen Verfassungstradition absolute Souveränität besaß. Die rechtliche Überprüfung von Gesetzen durch ein Gericht auf ihre Verfassungsmäßigkeit hatte für ein derartiges Rechtsdenken geradezu ketzerischen Charakter. In Südafrika war eine Normenkontrolle darüber hinaus so etwas wie der archimedische Punkt, von dem aus sich das ganze Apartheidsystem rechtlich aus den Angeln heben ließ.

In seiner heutigen Bedeutung symbolisiert der Constitution Hill als Sitz des Verfassungsgerichts in Verbindung mit seiner Vergangenheit als Staatsgefängnis sozusagen den Übergang von einem Unrechts- zu einem Rechtsstaat. Als Festung zum Schutz gegen die *Uitlanders* 1883 von Präsident Kruger errichtet, diente das sogenannte Old Fort 100 Jahre lang bis zum 31.1.1983 als Gefängnis für die Putschisten des *Jameson Raid* bis zu den Aktivisten, die Anfang 1980 wegen Hochverrats verurteilt wurden. Die Engländer haben während des Burenkrieges nach der Eroberung Johannesburgs im Hof der Festung die Anführer der Buren hingerichtet, und die Buren haben dort als Hüter der Apartheid die Gegner des Systems gefoltert. Mahatma Gandhi saß im berüchtigten Block Nummer 4 und Mandela mit den übrigen Angeklagten des Rivonia Hochverratsprozesses in Untersuchungshaft in dem dafür vorgesehenen ATP (Awaiting Trial Prisoners)-Block. Die Liste der Gefangenen liest sich wie ein Who is Who des Widerstands von damals und des heutigen politischen Establishments.

Es war die schicksalsträchtige Vergangenheit des Constitution Hill, die die Richter des Verfassungsgerichts dazu bewog, dort ihr Thing wie die *Lekgotlas* oder *Kgoros* (30) afrikanischer Gerichtstradition abzuhalten. Tatsächlich knüpft der Verfassungsgerichtshof in Design und Architektur ganz bewusst an afrikanisches Brauchtum an, wonach Recht wie im Thing germanischer Rechtstradition unter freiem Himmel, meist unter einem Baum, gesprochen wurde. Gleich im Eingangshof des Gerichtsgebäudes erwecken mosaikgeschmückte Betonsäulen den Anschein von sieben Baumgruppen, deren herabhängendes, drahtgeflochtenes Blattwerk einen symbolischen Schatten für die darunter stehenden Bänke stiftet. Das Logo des Verfassungsgerichts greift die Symbolik des Baumes auf und erweitert sie durch die schematische Darstellung von elf Ästen, womit die elf Sprachen der verschiedenen Stämme und Bevölkerungsgruppen Südafrikas gemeint sind. Der Baumstamm selbst deutet in seiner ypsilonförmigen Verzweigung grafisch die südafrikanische Flagge an, die als farbenprächtiger Wandbehang aus Glasperlen regenbogenartig über der Richterbank der elf Verfassungsrichter hängt. Auch der Sitzungssaal ist in der Form eines Amphitheaters afrikanischer Tradition nachempfunden, wonach die Öffentlichkeit nicht durch eine Gerichtsschranke von dem hoheitlichen Akt der Rechtsprechung ausgeschlossen, sondern wie im Theater emotional in den ganzen Vorgang mit eingebunden ist.

Der architektonische Entwurf des Constitution Hill stammt von einer südafrikanischen Architektengruppe OMM, die als Sieger aus einem international ausgeschriebenen Wettbewerb hervorgegangen war und mit viel politischer Einfühlung in die spezifisch südafrikanischen Herausforderungen des Projekts die gesamte Anlage konzipiert und gestaltet hat. So wurden zum Beispiel die Wachtürme des ehemaligen Untersuchungsgefängnisses mit einem innen erleuchteten Glasvorhang wie Leuchttürme der Hoffnung stehen gelassen. Soweit das Untersuchungsgefängnis dem sogenannten Constitution Square zum Opfer fiel, wurden die Backsteine zur Wandverkleidung im Sitzungssaal des Verfassungsgerichts benutzt. Auch die *Great African Steps*, die zwischen dem Gebäude des Verfassungsgerichts und dem berüchtigten Block 4 des ehemaligen Strafgefängnisses den Aufgang zu dem Verfassungsplatz bilden, sind mit den Steinen des abgerissenen Untersuchungsgefängnisses gepflastert. *Nummer 4*, wie das Strafgefängnis im Sprachgebrauch und Bewusstsein der Schwarzen verhaftet ist, wurde beibehalten und zeugt in den Videoaufnahmen und Aussagen ehemaliger Gefangener von der Brutalität und Unmenschlichkeit, mit der hier Verbrecher, politische und normale Gefangene ohne Unterschied behandelt wurden. Wer hier einsaß, hatte mit dem Leben abgeschlossen, es war, wie lebendig begraben zu sein. (31)

Genau so beeindruckend wie die Anlage des Constitutional Hill ist die südafrikanische Verfassung selbst. Sie ist die Kulmination eines Verhandlungsprozesses, der über mehrere Jahre den friedlichen Wandel in Südafrika herbeigeführt hat. Angefangen hat dieser Prozess mit dem Groote Schuur und Pretoria Protokoll vom 4. und 6. August 1990 sowie der Nationalen Friedensvereinbarung vom 14. September 1991. Richtig vorangetrieben aber wurde der Prozess erst durch die Verhandlungen im Rahmen von CODESA (Convention for a Democratic South Africa), die zu politischen Veränderungen führten, die man heute verfassungsrechtlich als Paradebeispiel einer »verhandelten Revolution« gelten lassen muss. Nach Ryszard Kapuscinski (32) sind verhandelte Revolutionen, wie die Krisen und Rückschläge von CODESA bestätigen, *voller Widersprüche und Inkonsequenzen. Voller Konflikte, Spannungen und Diskussionen, Verwischungen und heimlichen Annäherungen. Voll verbaler Aggression. Doch es gibt keine Barrikaden, Brände und Exekutionen. Es gibt keine Schrecken und keinen Terror.* Es ist das Einlenken als Alternative zum Krieg, wie Jean Giraudoux es in seinem

Theaterstück *Der Krieg von Troja findet nicht statt* durchgespielt hat. Was Hector für Troja nicht vermochte, haben de Klerk und Mandela für Südafrika geschafft: Der allgemein erwartete Bürgerkrieg fand nicht statt.

Heute wird das politische Verdienst für den friedlichen Wandel in Südafrika hauptsächlich Mandela zugeschrieben. In der Tat ist seine Rolle, was die Verständigung und Versöhnung der verschiedenen Bevölkerungsgruppen untereinander anbelangt, nicht hoch genug einzuschätzen. Wenn man jedoch die Ausgangssituation beider Parteien im Prozess ihrer gegenseitigen Annäherung berücksichtigt, dann dürfte das Verdienst de Klerks für die erzielte politische Einigung nicht geringer zu veranschlagen sein. Ich kenne keinen Fall aus der Geschichte, in dem eine herrschende Minderheit sich bewusst ihrer Macht begeben hat. De Klerk wird deshalb auch heute noch immer von einigen reaktionären Kreisen der weißen Bevölkerung vorgeworfen, ihre Sache verraten zu haben, während er doch in Wirklichkeit auch sie aus der Rolle des Unterdrückers und aus einem politischen Irrglauben befreit hat. Auch an ihre Befreiung wird der Ausschuss des norwegischen Parlaments gedacht haben, als er den Friedensnobelpreis 1993 an beide, Mandela und de Klerk, verliehen hat.

Aus dem Geist des Friedens und der Freiheit unter den verschiedenen Bevölkerungsgruppen ist die südafrikanische Verfassung hervorgegangen. Gleich in der Präambel wird ausdrücklich auf die Ungerechtigkeiten und sozialen Unterschiede der Vergangenheit hingewiesen und der Aufbau einer Gesellschaft auf der Basis demokratischer Werte, sozialer Gerechtigkeit und grundlegender Menschenrechte als ein Hauptanliegen der Verfassung erklärt. Seit sie am 4. Februar 1997 in ihrer endgültigen Fassung in Kraft getreten ist, wird die südafrikanische Verfassung als eine Art Geburtsurkunde des Neuen Südafrika betrachtet. Sie gilt allgemein als eine der progressivsten Verfassungen in der Welt.

Um jedermann mit seinen Rechten im Rahmen der Verfassung vertraut zu machen, wurden unmittelbar nach ihrem Inkrafttreten über sieben Millionen Kopien in den elf Landessprachen unter der Bevölkerung verteilt. Das ist insofern von weitreichender Bedeutung, als die südafrikanische Verfassung nicht nur wie allgemein üblich als eine rechtlich verbriefte *Rule of Law* Schutz vor staatlichen Übergriffen gewährt, sondern auch Ansprüche wie zum Beispiel auf häusliche Unterkunft und fließendes Wasser im Sinne der allgemeinen Daseinsvorsorge begründet. Diese Rechte gehören zu einem Grundrechtskatalog, dem als *Bill of Rights* eines der ausführlichsten Kapitel der südafrikanischen Verfassung gewidmet ist. Dazu gehören die unabdingbaren Menschenrechte auf Leben, Freiheit, Gleichheit und Würde des Menschen sowie die unter dem üblichen gesetzlichen Vorbehalt verbrieften allgemeinen Staatsbürgerrechte. Es ist bezeichnend für den progressiven Charakter der südafrikanischen Verfassung, dass die Gesundheitsversorgung, das Recht auf Ausbildung und Erziehung, der Umweltschutz sowie der Zugang zu staatlicher Information als Grundrechte ausgestattet sind, die dem Staat gegenüber geltend gemacht und eingeklagt werden können; auch dass als Ausfluss des Verbots jeglicher Diskriminierung die Ehe zwischen gleichgeschlechtlichen Partnern verfassungsrechtlich anerkannt ist.

Um sicherzustellen, dass die Verfassung im Sinne ihrer demokratischen Grundwerte auch in der Praxis Beachtung findet, sind als permanente Einrichtung in Kapitel 9 verschiedene Kommissionen vorgesehen, die in Ergänzung zu dem Verfassungsgericht so etwas wie die Hüter der Verfassung sind. Dazu gehören unter anderen die südafrikanische Menschenrechtskommission, eine Kommission zum Schutz der Rechte kultureller, religiöser oder sprachlicher Minderheiten, sowie die Kommission zur Gewährleistung der Gleichberechtigung von Mann und Frau. Daneben gibt es temporäre Kommissionen, von denen die *Truth and Reconciliation*

Commission die vielleicht bekannteste ist. Sie war eigens gebildet worden, um schwere Menschenrechtsverletzungen in der Zeit von 1960 bis 1994 zu ahnden und durch Vergebung und entsprechende Wiedergutmachungsleistungen die Voraussetzungen für eine Versöhnung zwischen den Tätern und Opfern des Apartheidsystems zu schaffen.

Die *Truth and Reconciliation Commission* mag ihre Fehler und Unausgewogenheiten gehabt haben, aber sie war zumindest der Versuch einer Vergangenheitsbewältigung, von der wir Deutsche nur allzu gut wissen, wie schwierig sie sein kann. Im Ausland genoss die *Truth and Reconciliation Commission* hohes Ansehen und wurde als Vorbild für Staaten mit einer konfliktreichen Vergangenheit hingestellt, ohne dass allerdings einer den Mut gehabt hätte, ihrem Beispiel zu folgen.

Der Raum, den die Bestimmungen zum Schutz der demokratischen Rechte und ihrer praktischen Gewährleistung in der Verfassung einnehmen, macht deutlich, dass es den Verfassern in erster Linie darum ging, sicherzustellen, dass die Menschenrechtsverletzungen und diskriminierenden Gesetze der Vergangenheit nicht wieder Fuß fassen können und Südafrika im Sinne der Präambel zur Verfassung *seinen rechtmäßigen Platz als souveräner Staat in der Familie der Völker* einnimmt.

Es ist erstaunlich, dass die südafrikanische Verfassung schon nach so kurzer Zeit sich bereits derart im Bewusstsein der Bevölkerung verankert hat, dass sie schon bald ähnlich wie das Grundgesetz in Deutschland eine nationale Integrationsfunktion übernehmen könnte. Das Verfassungsgericht wird öfter, als ihm lieb sein dürfte, angerufen, um bei dem geringsten Anschein einer Verfassungswidrigkeit dem Kläger zu seinem Recht zu verhelfen. Auch im Kampf um die politische Macht hat die Verfassung ihre erste Prüfung erfolgreich bestanden. Als Thabo Mbeki Gelüste zeigte, als Präsident für eine dritte Amtsperiode zu kandidieren, wozu eine Änderung der Verfassung notwendig gewesen wäre, ist er mit seinem Ansinnen kläglich gescheitert. Auch bei seiner Amtsenthebung, die in ihrer Widerstandslosigkeit ohne Beispiel in Afrika ist, wurden die verfassungsrechtlichen Spielregeln beachtet. Ob sein Nachfolger Jacob Zuma, der bisher die verfassungsrechtlichen Möglichkeiten mehr dazu benutzt hat, um sich einer Verantwortung vor Gericht zu entziehen, sich ebenso bereitwillig den demokratischen Spielregeln beugen wird, ist fraglich und bleibt abzuwarten.

Die eigentliche Bewährungsprobe der Verfassung aber wird darin bestehen, inwieweit sie sich gegen das traditionelle afrikanische Konsensdenken durchzusetzen vermag. Wie alle demokratischen Verfassungen beruht auch die südafrikanische Verfassung auf einem individualistischen Gesellschaftsbegriff. Der Einzelne wird in seinen Persönlichkeitsrechten der politischen Unabhängigkeit und freien Meinungsäußerung geschützt und bleibt im Übrigen seiner verfassungsrechtlich ebenso geschützten Privatsphäre überlassen.

Nun ist aber gerade die Eigenverantwortung für ein auf sich selbst gestelltes Leben nach afrikanischem Verständnis ein eher bedauernswertes Los. Individualismus ist ein Unglück, ein Fluch, dem man nur durch die Unterordnung unter eine Gemeinschaft entgeht. Dort erfolgt die Meinungsbildung durch Konsens. Wer gegen dieses Prinzip verstößt, verurteilt sich selbst zum Außenseiter oder Verräter. Eine andere Meinung zu haben, ist gefährlich und kann lebensbedrohend sein. Daher herrscht in Afrika überall der Trend zur politisch allein selig machenden Einheitspartei. Ich erinnere mich an eine heftige Diskussion mit einem hochrangigen Vertreter des ANC, der meinte, dass eine Opposition für eine Demokratie unnötig sei und es lediglich darauf ankomme, das politische Geschehen transparent zu halten. Von einer solchen Auffassung bis zur Zensur der Presse oder der Einschränkung ihrer Freiheit ist nur ein kleiner Schritt, und wie sich immer wieder, auch in Südafrika, zeigt, ist die Versuchung dazu nur allzu verführerisch. Insofern kann sich das Verfassungsgericht noch auf interessante Zeiten gefasst machen.

Auch wenn das Parlament in Kapstadt sitzt und die Opposition dort gegen den Stachel der Regierung löckt, findet die praktische und rechtliche Neugestaltung der südafrikanischen Gesellschaft in Johannesburg statt. Insofern ist Johannesburg als Sitz des Verfassungsgerichts der rechtliche Prüfstein unserer demokratischen Bewährung. *Hic Rhodus, hic salta*: Hier wird es sich beweisen, ob Südafrika den Sprung vom alten, nicht nur durch die Apartheid geprägten Südafrika in die demokratische Verfassungswirklichkeit des Neuen Südafrika schafft.

Das Neue Südafrika ist geprägt durch das Völkergemisch der *Rainbow Nation* mit ihren zahlreichen Minderheiten. Je nachdem, wie differenziert man dieses Völkergemisch sieht, besteht Südafrika fast nur aus Minderheiten. Allein unter den Schwarzen gibt es neun verschiedene Stämme; hinzu kommen die Coloureds, die Inder, die Chinesen und die sogenannten Europeans, zu denen außer den Buren und den Engländern all die anderen Weißen europäischer Herkunft oder Abstammung gehören. Sie alle leben in Johannesburg, haben ihre eigene Sprache und Kultur sowie ihre bevorzugten Berufe, Gewerbe und Wohngebiete. Die Inder wohnen hauptsächlich in Lenasia, die Buren vorzugsweise in Krügersdorp, die Chinesen in Cyrildene, die Juden in Killarney, die Italiener in Orange Grove und die Portugiesen in *Kleinportugal*, wie die Vororte La Rochelle und Rosettenville im Volksmund genannt werden. Die Juden sind entweder Rechtsanwälte oder Ärzte, die Portugiesen Obst- und Gemüsehändler und die Griechen Inhaber der familienbetriebenen Konsumläden um die Ecke.

Als Minderheiten genießen sie alle den Schutz der Verfassung und können ihre Rechte vor dem Verfassungsgericht einklagen. Für Südafrika als Land besteht die Gefahr, dass die einzelnen Bevölkerungsgruppen ihre getrennte Entwicklung von früher fortsetzen und die *Rainbow Nation* sich wie ein Regenbogen wieder auflöst. Es ist das Problem von nationaler Einheit und kultureller Vielfalt, mit dem multikulturelle Gesellschaften auch anderswo konfrontiert sind: Wie findet eine Nation mit so vielen Nationalitäten zu ihrer eigenen Identität, wenn die Identität ihrer Bürger auch heute noch weitgehend von deren Nationalbewusstsein bestimmt wird? In Deutschland, wo man sich mit dem Nationalbewusstsein aus anderen Gründen so schwer tut, verlässt man sich stattdessen auf eine Leitkultur, die immer mehr im Schwinden begriffen ist. Für Südafrika kommt eine solche Lösung schon allein wegen der unterschiedlichen Stammeskulturen nicht infrage. Es fragt sich vielmehr, ob es angesichts der demografischen Vielfalt Südafrikas überhaupt so etwas wie *den* Südafrikaner gibt.

In seinem Buch *Do South Africans Exist?* hat Ivor Chipkin (33) sich eingehend mit dieser Frage beschäftigt. Da die Schwarzen bei Weitem den größten Teil der Bevölkerung ausmachen, geht es ihm dabei in erster Linie um das Selbstverständnis der Schwarzen als südafrikanische Staatsbürger. Das Ergebnis ist wenig ermutigend. Abgesehen davon, dass der afrikanische Nationalismus sich lange Zeit nur über den Widerstand gegen Kolonialismus oder Apartheid definiert hat und damit leerlief, sobald beide überwunden waren, ist der Schwarze noch immer mehr in seinem Stamm verwurzelt, als dass er sich innerlich mit seinem Land verbunden fühlt. Es ist bezeichnend in diesem Zusammenhang, dass *Nkosi Sikelel' iAfrica*, der erste Teil der südafrikanischen Nationalhymne, eigentlich nicht Südafrika, sondern Afrika insgesamt meint. Erst die *Stem*, die frühere Nationalhymne der Weißen, die heute in abgekürzter Form mitgesungen wird, handelt von der Liebe zu Südafrika als dem Land, für das man nach dem ursprünglichen Text auch zu sterben bereit ist.

Thabo Mbeki, der für einen afrikanischen Nationalismus durchaus aufgeschlossen war, hat in seiner bekenntnishaften Rede *I Am an African* anlässlich der Verabschiedung der südafrikanischen Verfassung am 16.4.1996 versucht, seine Identität als Afrikaner aus der Abstammung von den ursprünglichen Einwohnern Südafrikas, von den Khoi und San (34), den Malaien und Buren, den Einwanderern aus Europa und Asien herzuleiten. Damit bestätigt Mbeki eigentlich nur, dass es außer der Verschiedenartigkeit der Abstammung keine gemeinsame Grundlage für ein nationales Selbstverständnis gibt. Das Gleiche gilt für sein geistiges Lieblingskind einer *Afrikanischen Renaissance*, die auch heute noch in den Köpfen vieler schwarzafrikanischer Intellektueller herumspukt. Auch hier hat er seiner Idee einer afrikanischen Wiedergeburt in zahlreichen Reden, insbesondere am 9. April 1998 vor der Universität der Vereinten Nationen, rhetorisch brillanten Ausdruck verliehen. Wenn man die Rede liest, wird einem geradezu schwindlig wie bei der Lektüre von Oswald Spenglers *Untergang des Abendlandes*. In ihr werden Kulturen und ihre künstlerischen Vermächtnisse, von den Stelen in Aksum bis zu den ägyptischen Pyramiden, von den Bronzen Benins bis zu den Holzschnitzereien der Makonde, vom Ursprung des Homo sapiens bis zur Bibliothek von Alexandria wie kulturelle Zitate benutzt, um eine Vergangenheit zu beschwören, die sich schon aufgrund ihrer Unterschiedlichkeit so nicht wiederherstellen lässt. Zur Begründung eines südafrikanischen Nationalgefühls ist die Idee einer *African Renaissance* jedenfalls nicht geeignet. Wahrscheinlich ist Mbeki politisch in erster Linie daran gescheitert, dass er sich intellektuell zu weit von seiner Wählerschaft entfernt hatte, die mit seinen hochtrabenden Ideen nichts anfangen konnte.

Auch die Bemühungen der *Truth and Reconciliation Commission* um eine Bewältigung der südafrikanischen Vergangenheit waren schwerlich dazu angetan, um zwischen den Tätern und Opfern eines Unrechtssystems eine gemeinsame Identität zu stiften. Die Geschichte brennt entweder zu sehr noch unter den Nägeln oder ist, was die weiter zurückliegende Vergangenheit anbelangt, zu wenig im allgemeinen Bewusstsein verankert, um aus der Erfahrung eines gemeinsamen Schicksals ein nationales Zusammengehörigkeitsgefühl herzuleiten.

Bleibt nur noch Ubuntu als ein Humanismus afrikanischer Prägung, der einen Zusammenhalt unter den verschiedenen Bevölkerungsgruppen Südafrikas herstellen könnte. Seit Bill Clinton der westlichen Welt Ubuntu als Heilmittel für ihre Selbstsucht und Ichbezogenheit verschrieben hat, wird dieser Zentralbegriff einer afrikanischen Weltsicht viel strapaziert, ohne dass er immer richtig verstanden wurde. Der Begriff ist deshalb so schwer zu fassen, weil er nicht in das westliche Gesellschaftsverständnis passt. Dem philosophischen Axiom *Cogito ergo sum* (Ich denke, also bin ich), das seit Descartes das europäische Selbstverständnis prägt, entspricht auf afrikanischer Seite der von Ubuntu abgeleitete Grundsatz: *Ich gehöre dazu, also bin ich.* Es ist ein gemeinschaftsbezogenes Selbstverständnis mit einem Wertesystem, das mehr kollektivistisch als individualistisch orientiert ist. Dazu gehören Werte wie Mitgefühl, Achtung und Respekt, Verständnis und Vergebung, Gastfreundschaft und Großzügigkeit, und vor allem, als übergeordnetes Prinzip, die Bereitschaft, alles mit dem anderen zu teilen. Für Mandela ist Ubuntu die ideale geistige Grundlage der von ihm aus der Taufe gehobenen *Rainbow Nation* als eine offene Gesellschaft, in der alle über ihre Unterschiede hinweg durch eine universale Menschlichkeit miteinander verbunden sind.

Wie überall sonst in der Welt hält auch die Jugend Südafrikas nicht viel von den Wertvorstellungen der Alten. Für viele, die inzwischen reich geworden sind, ist Ubuntu nur noch störend wie ein schlechtes Gewissen, das man am liebsten verdrängt. Die Bereitschaft, alles zu teilen, lässt sehr schnell nach, wenn es nicht mehr die Armut von früher, sondern der lang ersehnte Reichtum von heute ist, der geteilt werden soll. Der sogenannte *National Heritage Council* ist deshalb seit Neuestem darum bemüht, Ubuntu als geistig kulturelles Erbe Afrikas neu zu beleben und wieder ins allgemeine Bewusstsein der Bevölkerung zu bringen. Das Wertesystem von Ubuntu soll als staatsbildende Kraft den sozialen Zusammenhalt der verschiedenen Bevölkerungsgruppen stärken und dabei helfen, ein die Unterschiede übergreifendes Gemeinschaftsgefühl zu entwickeln. So lobenswert solche Initiativen sein mögen, so unzeitgemäß nehmen sie sich aus in einer Welt, die die soziale Verantwortung an den

Staat abgegeben hat und in der es den Menschen nur noch um ihre Selbstverwirklichung geht.

Wenn Ideen nicht in der Lage sind, ein südafrikanisches Nationalgefühl zu stiften, dann sollte man sich zur Vergewisserung der eigenen Identität vielleicht auf ganz natürliche Regungen verlassen. Was heute die Menschen in Südafrika über ihre Unterschiede hinweg mehr als alles andere miteinander verbindet, ist die Liebe zu ihrem Land. Es ist die Liebe zu einem Land, das spätestens seit 1994 jedem die Möglichkeit bietet, sich frei zu entfalten, einem Land, wo es keinen Neid gibt und jeder nach seiner Façon leben und auf seine Weise glücklich werden kann. Es ist die Liebe zu einem Land, das in der Begünstigung durch seine räumliche Weite und das gute Wetter eine natürliche Lebensqualität bietet, an der alle uneingeschränkt teilhaben können. Es ist die Liebe vor allem zu einem Land, das durch seine landschaftliche Schönheit und Vielfalt fasziniert, sodass jeder, der längere Zeit hier gewohnt hat, um nichts in der Welt woanders leben möchte.

Diese Liebe zu Südafrika ist sozusagen der emotionale *Melting Pot*, was Südafrika im amerikanischen Sinn als politisches Bekenntnis zu einem demokratischen System nie gewesen ist. Eine solche Beziehung zum eigenen Land hat jedoch den Vorteil, dass sie nicht politisch, ideologisch oder nationalistisch belastet ist, sondern wie jede echte Identität auf einer persönlichen Erfahrung beruht. Für die *Rainbow Nation* Südafrikas ist sie gleichsam der gemeinsame Nenner, auf den sich die unterschiedlichen Bevölkerungsgruppen ohne Beeinträchtigung ihrer anderweitigen Zugehörigkeit als Südafrikaner einigen und mit ihrem Land identifizieren können.

Als Südafrikaner teilen die Einwohner Johannesburgs diese Liebe zu ihrem Land. Aufgrund der engen Beziehung zu ihrer Stadt haben sie darüber hinaus Merkmale entwickelt, die typisch für sie sind, weshalb sich heute leichter von einem Johannesburger als von einem Südafrikaner reden lässt. Auf einige dieser Merkmale habe ich bereits in dem Einleitungskapitel hingewiesen. Dazu gehört die Zukunftsgläubigkeit der Einwohner Johannesburgs ebenso wie die Unerschrockenheit gegenüber den aktuellen Problemen der Gegenwart. *Geht nicht, gibt's nicht!* ist die Devise des typischen Johannesburgers, als hätte er für die Baumarkt-Reklame Modell gestanden. Wenn etwas unmöglich erscheint, wird ein Plan gemacht: *A Boer maak a plan*, wie die gängige Redewendung dafür lautet.

Auch die Goldgräbermentalität gehört noch immer zu dem Persönlichkeitsbild des Johannesburgers. Er ist kumpelhaft, kommt meist aus einfachen Verhältnissen, und es geht ihm vor allem darum, möglichst schnell reich zu werden. Er ist geprägt von einer Stadt, in der sich alles ums Geld dreht. Keiner scheint daran Anstoß zu nehmen oder danach zu fragen, wann und wie das Geld verdient wurde. In der Schweiz gilt als neureich, wer sein Vermögen nach 1900 gemacht hat. Wo demnach, wie in Johannesburg, jeder Vermögende neureich ist, kann keiner über den andern die Nase rümpfen kann. Es gibt keinen Dünkel der alten Familien, die wie in Kapstadt ihre Abstammung am liebsten bis auf Jan van Riebeeck zurückführen möchten. Es ist eine offene Gesellschaft, in der jeder nach seiner eigenen Leistung gemessen und eingestuft wird. Die Rangliste der reichsten Leute ändert sich so schnell wie die Nummer eins im Tennis oder in der Bundesliga. Wer heute zum Manager des Jahres gekürt wird, kann morgen schon wieder weg vom Fenster sein. Das soziale Gefüge Johannesburgs ist zu durchlässig, um Hierarchien oder Klassen aufkommen zu lassen.

Menschlich gesehen ist der Johannesburger hilfsbereit, gastfreundlich, aufgeschlossen, tolerant und auf jeden Fall sehr viel weniger rassistisch, als man aufgrund seiner Vergangenheit erwarten würde. Ich neige immer mehr zu der Auffassung, dass Rassismus eine Ideologie des Underdogs ist, bei der sich die Frustration über die eigene Benachteiligung entweder in ein Gefühl der Überlegenheit steigert oder nach einem Schuldigen für die eigene Misere sucht.

Das war bei den Buren und ihrer Wahnidee vom auserwählten Volk so und lässt sich heute zum Teil bei den Schwarzen beobachten, wenn sie die *Legacy of Apartheid* für ihre noch immer missliche Lage verantwortlich machen möchten. Als Bevölkerungsgruppe ist heute in Südafrika niemand mehr benachteiligt, sodass sich das Problem allenfalls noch individuell, aber nicht mehr politisch stellt.

In seinen Neigungen und Vorlieben zeichnet sich der typische Johannesburger durch seine Geselligkeit und seine Naturverbundenheit aus, sowie durch sein Interesse am Sport. Der Braai (35) am Wochenende ist noch immer so beliebt wie der Urlaub in einem der Wildreservate. Die es sich leisten können, machen aus ihrer Liebe zur Natur ein Hobby und halten sich eine Wild- oder landwirtschaftliche Farm in der Nähe von Johannesburg.

Sportlich gesehen betreiben die meisten mindestens eine Sportart aktiv. Um fit zu bleiben, gehen viele zur morgendlichen Gymnastik in ein Fitnessstudio oder joggen durch den Frühverkehr von Johannesburg. Die beliebtesten Sportarten sind noch immer nach Bevölkerungsgruppen getrennt: Rugby für die Buren, Cricket für die Engländer und Fußball für die Schwarzen. Alle drei Sportarten haben eine riesige Anhängerschaft und werden im leidenschaftlichen Wettbewerb der jeweiligen Klubs betrieben; jede hat ihren heiligen Ort: Ellis Park für Rugby, Wanderers Club für Cricket und das FNB Stadion für den Fußball.

Im FNB Stadion (36) hat die Fußballnationalmannschaft 1996 den Africa Cup of Nations gewonnen, kaum dass Südafrika wieder zugelassen war, daran teilzunehmen. Ein Jahr davor hatten die Springboks (37) in Ellis Park die Weltmeisterschaft im Rugby gewonnen. Helden des Turniers waren Joel Stransky, ein Südafrikaner jüdischer Abstammung, dessen spektakulärer Halfvolley in der Verlängerung den Sieg brachte, und Chester Williams, der als einziger Schwarzer der Mannschaft im Viertelfinale gegen Western Samoa allein vier Tries auf seinen Namen verbuchen konnte. Als Nelson Mandela im Trikot Nr. 6 dem Kapitän der Mannschaft, François Pienaar, am 24. 6. 1995 im Ellis Park Stadion den Siegespokal überreichte, stand ganz Südafrika Kopf. An den Tankstellen jubelten die Tankwarte, als hätten sie selbst die Weltmeisterschaft gewonnen. Die Schwarzen, die eigentlich mehr an Fußball interessiert sind, feierten spontane Siegespartys und verkündeten in Anspielung auf das grüne Trikot der Springboks: *In unseren Adern fließt grünes Blut.* Es war nach dem 27. 4. 1994, dem Tag der gemeinsamen Wahlen zu einem Neuen Südafrika, der emotionale Höhepunkt der *Rainbow Nation* und ihre Krönung in einem nationalen Triumph.

Trotzdem ist Fußball noch immer der Sport mit dem größten Anreiz für die Schwarzen; er ist sozusagen der Nationalsport des Neuen Südafrika, ähnlich wie in Brasilien, wo er die gleiche Funktion erfüllt, denen, die sonst keine Chance haben, eine Möglichkeit zu bieten, aus dem Getto der Armut und Hoffnungslosigkeit auszubrechen. In diesem Sinne gehört Fußball zu Johannesburg als der Stadt des Neuanfangs und des meteorartigen Aufstiegs aus dem Nichts.

Natürlich hat Johannesburg auch seine rivalisierenden Fußballklubs. Wenn Kaizer Chiefs und Orlando Pirates gegeneinander spielen, befindet sich Soweto am Rande eines

Bürgerkriegs. Als man 2001 die Situation entschärfen wollte und die Begegnung beider Mannschaften in einem entscheidenden Spiel der Nationalliga PSL (Professional Soccer League) nach Ellis Park als neutralen Austragungsort verlegte, starben 43 Menschen in dem Gedränge um einen Platz im Stadion, das mit 120.000 Zuschauern bereits über das Doppelte seiner Höchstkapazität besetzt war. Das Spiel wurde abgebrochen, aber die Rivalität besteht weiter wie zwischen zwei verfeindeten Stämmen. In der Tat hat die Anhängerschaft zu den jeweiligen Klubs etwas von der Stammestreue der Schwarzen, die mehr in lebendigen Strukturen denken und fühlen als in abstrakten Kategorien wie Staat oder Nation.

Auch wenn sie *Bafana Bafana* genannt wird, was so viel heißt wie *unsere Jungs*, spielt die südafrikanische Nationalmannschaft in der allgemeinen Fußballbegeisterung eine geringere Rolle als der eigene Klub, ist das Ergebnis eines Länderspiels weniger wichtig als das der eigenen Mannschaft am Wochenende. Das mag auch damit zusammenhängen, dass es seit dem Erfolg von 1996 im *Africa Cup of Nations* mit *Bafana Bafana* nur noch bergab gegangen ist; bis auf Patz 20 der afrikanischen und Platz 88 der internationalen Rangliste im Fußball. Wenn nicht noch ein Wunder geschieht, ist kaum damit zu rechnen, dass Südafrika bei der bevorstehenden Fußballweltmeisterschaft im eigenen Land über die Vorrunde hinauskommen wird. Dabei gibt es so viel fußballerische Begabung, dass man gleich mehrere Nationalmannschaften daraus aufbauen könnte. Wie so oft ist auch hier Talent eher ein Hindernis, um darüber hinauszuwachsen und etwas wirklich Nachhaltiges daraus zu machen. Für die meisten Schwarzen erschöpft sich ihr Talent im virtuosen Umgang mit dem Ball. Man muss ihnen nur zusehen, wie sie überall auf den Straßen in Soweto ihre Ballkünste vollführen und sich gegenseitig austricksen. Sie spielen Fußball, wie sie ohne Ball tanzen, selbstverloren und ohne Zweck, aus reiner Freude am Spiel, mit dem gleichen Ballgefühl wie dem angeborenen Gefühl für den Rhythmus ihrer Musik. Um eine Nationalmannschaft mit dem notwendigen Siegeswillen daraus zu bilden, fehlt es sowohl am richtigen Trainer, als auch an der Führungsqualität eines Kapitäns, der seine Mannschaft motiviert und zum Sieg führt. Führungsqualitäten aber entwickeln sich nur selten in einer Gesellschaft, die kollektivistisch denkt und das Individuum eher gering achtet.

Als Südafrika 1996 den Africa Cup of Nations gewann, war Mark Tovey der überlegene Spielführer der Mannschaft, Clive Barker war ihr Trainer und die Mannschaft war in ihrer gemischtrassischen Zusammensetzung das sportliche Ebenbild der *Rainbow Nation*. Nelson Mandela, dem alle zuvor das Endspiel gewidmet hatten, saß auf der Ehrentribüne und trug bei der Siegerehrung das Trikot des Kapitäns, so wie er es ein Jahr zuvor im Ellis Park Stadion beim Gewinn der Rugby-Weltmeisterschaft getan hatte. Vielleicht sollten die Verantwortlichen in der Regierung sich auf dieses Erfolgserlebnis und -geheimnis besinnen, wenn unsere *Rainbow Nation* selbst Erfolg haben soll.

JOHANNESBURG MORGEN

> *Nur wer an die Zukunft glaubt,*
> *glaubt an die Gegenwart.*
> Brasilianisches Sprichwort

Johannesburg morgen ist ein Zukunftsthema und wie alle solche Themen anfällig für die Ausschweifungen unserer Fantasie. Ich habe mich daher im Folgenden nicht nur an die Pläne und Projekte gehalten, in denen die Zukunft Johannesburgs fast greifbar oder in Ansätzen bereits zu erkennen ist, sondern bin darüber hinausgegangen und habe eigene Vorstellungen mit ins Spiel gebracht, wie diese Zukunft einmal aussehen könnte oder sollte. Wenn man so lange in einer Stadt gelebt hat, liegt einem deren Schicksal zu sehr am Herzen, als dass man ihre Zukunft allein den andern überlassen könnte. Man möchte vielmehr denen, die über diese Zukunft zu entscheiden haben, alternative Entwicklungsmöglichkeiten aufzeigen, um das Beste für die Stadt zu erreichen.

Wenn ich meiner Fantasie dabei zu viel Spielraum gelassen und vielleicht unrealistische Vorschläge gemacht habe, zum Beispiel wie die Innenstadt wieder zu einem Mittelpunkt städtischen Lebens oder Johannesburg Kulturhauptstadt Afrikas werden könnte, dann bitte ich um Nachsicht für die Auswüchse eines solchen Wunschdenkens, das allein der Liebe zu dieser Stadt entspringt. Diese Liebe beruht ja nicht zuletzt auf dem Umstand, dass nichts für diese Stadt unmöglich zu sein scheint.

2010 wird Südafrika die Fußballweltmeisterschaft ausrichten. Für Johannesburg hat mit den Vorbereitungen dazu die Zukunft bereits begonnen. Ich spreche nicht von *Soccer City* oder *Ellis Park*, den Fußballstadien, die hier wie überall sonst in der Welt im Sinne von *Panem et Circenses* zu Kultstätten der modernen Gladiatorenkämpfe ausgestaltet wurden. Ich meine vielmehr die infrastrukturellen Maßnahmen, mit denen Johannesburg als Stadt sich für die Zukunft rüstet. Am internationalen Flughafen von Johannesburg bekommt jeder, der mit dem Flugzeug anreist, gleich bei der Ankunft eine erste Vorstellung davon, wie diese Zukunft einmal aussehen wird.

Es ist beeindruckend, was aus dem alten *Jan Smuts Airport* geworden ist, wo man früher von einer offenen Dachterrasse aus den wenigen Passagieren zuwinkte, die sich weder von der Apartheid noch von der internationalen Ächtung des Landes abhalten ließen, Südafrika zu besuchen. Heute werden hier jährlich mehr als 19 Millionen Fluggäste abgefertigt. Das hat nichts mehr mit der Lagermentalität von früher zu tun, sondern hier macht eine Stadt stellvertretend für das ganze Land deutlich, dass man aus der Weltfremdheit eines Rassensystems in der globalisierten Welt des einundzwanzigsten Jahrhunderts angekommen ist. Es ist das alte Syndrom aus der Goldgräberzeit, in dem sich die Zukunftsgläubigkeit Johannesburgs mit dem Wunsch verbindet, die eigene Vergangenheit zu vergessen.

Lange Zeit ist die Stadt durch die Isolation des Landes als Folge der Apartheid in ihrer Entwicklung beeinträchtigt gewesen. Jetzt, da der Spuk vorbei ist und Südafrika wieder internationales Ansehen genießt, gibt sich Johannesburg nicht mehr damit zufrieden, Provinzhauptstadt von Gauteng zu sein, sondern setzt allen Ehrgeiz daran, eine Weltstadt im Sinne der großen internationalen Metropolen zu werden, *A World Class City*, wie ihr Bürgermeister Amos

Masondo nicht müde wird, bei jeder sich bietenden Gelegenheit stolz zu verkünden.

Der Flughafen ist das erste Zukunftsprojekt der Stadt seit Beginn des politischen Wandels. Kaum dass die Wahlen am 27.4.1994 das Neue Südafrika eingeläutet hatten, wurde mit dem Ausbau begonnen. Um dem neu erstarkten internationalen Selbstbewusstsein Rechnung zu tragen, wurde der Name zunächst von *Jan Smuts Airport* auf *Johannesburg International* umgestellt. Inzwischen ist der Name noch einmal geändert worden und verleiht heute als *O.R. Tambo* (1) *International Airport* dem Flughafen ein symbiotisch afrikanisches Flair, wie Johannesburg es für sich selbst in Anspruch nimmt: *A World Class City with an African Flair!*

Als Südafrika 2004 den Zuschlag erhielt, die Fußballweltmeisterschaft 2010 auszurichten, wurde der Ausbau des Flughafens erst richtig vorangetrieben. Seitdem sind über drei Milliarden Rand investiert worden, um dem Andrang aus aller Welt gerecht zu werden. Zwei Terminals für den internationalen und lokalen Flugverkehr werden in der Mitte durch ein zentrales Terminal 3 zum Einchecken für alle Flugrichtungen miteinander verbunden. Die Gestaltung ist nicht nur übersichtlich, sondern auch großzügig. Wüsste man nicht, wo man sich befindet, könnte man meinen, im Flughafen von Dubai zu sein, was den Luxus der Ausstattung in Glas und Granit betrifft, beziehungsweise in Frankfurt oder Heathrow, was die Dichte des Flugverkehrs anbelangt. 52 Fluglinien starten und landen hier und verbinden Johannesburg mit jedem größeren Flughafen in der Welt. Der *O.R. Tambo International Airport* ist damit der größte und verkehrsreichste Flughafen auf dem afrikanischen Kontinent. Die Lufthansa betreibt wöchentlich sieben Flüge nach und von Johannesburg, die fast alle ausgebucht sind und die Strecke zu einer der am besten ausgelasteten der Lufthansa machen. Wenn in 2010 der neue Airbus A380 zum Einsatz kommt, ist mit vier eigens dafür vorgesehenen Flugsteigen und einer entsprechenden Gepäckabfertigung bereits Vorsorge dafür getroffen. Auch sonst entspricht der Flughafen den höchsten Anforderungen organisatorischer oder abwicklungstechnischer Art, angefangen beim privaten Parkdienst, wo man seinen Autoschlüssel einfach abgibt, wenn man unter den 12.000 Parkmöglichkeiten keinen Parkplatz mehr findet, bis hin zur Gepäckabfertigung, wenn man demnächst sein Gepäck in Frankfurt am Flughafen aufgeben und am Hotel in Sandton wieder in Empfang nehmen kann.

Es klingt fast wie Frevel, dass der ganze Flughafenbetrieb, der sich heute noch als Stand der Technik stolz auf der Höhe der Zeit glaubt, 2012 bereits, wenn ein zweites Flughafengebäude zwischen Start- und Landebahn entstehen wird, noch einmal überboten werden soll. Wenn der Bau bis zum Jahr 2015 abgeschlossen sein wird, können in Zukunft beide Flughäfen zusammen jährlich 25 Millionen Passagiere abfertigen. Man fragt sich, wie Johannesburg das verkraften soll.

Die Stadt versucht, damit fertig zu werden, indem sie sich immer weiter ausdehnt. In Midrand, wohin die Wirtschaft im Zuge ihrer Vertreibung aus der Innenstadt ausgewichen war, entstehen nicht nur neue Verwaltungs- und Bürogebäude, sondern auch immer mehr Wohnsiedlungen, die als Vororte von Johannesburg oder Pretoria demnächst dazu führen werden, dass beide Städte zusammenwachsen. Der Gautrain, von dem später noch die Rede sein wird, nimmt diese Entwicklung bereits vorweg, indem er die Strecke zwischen Johannesburg und Pretoria wie eine innerstädtische Verbindung behandelt. Wenn es mit der Verschmelzung beider Städte so weit ist, wird der Großraum Johannesburg, möglicherweise unter einem anderen Namen, in Zukunft eine Stadt von über 15 Millionen Einwohnern sein.

Für die Zukunft Johannesburgs als Weltstadt wird es jedoch weniger darauf ankommen, wie groß die Stadt ist oder wie viele Einwohner sie hat, als vielmehr auf die Lösung der Frage, was aus der Innenstadt werden soll. Diese Frage beschäftigt seit vielen Jahren nicht nur die politisch Verantwortlichen in der Verwaltung und im Parlament der Stadt, sondern auch eine Vielzahl von Architekten, Stadtplanern, Soziologen und sogenannten Stadtgeografen, die das Problem auf interdisziplinärer Basis zu lösen versuchen. Wenn heute von einem *Revival of the City* die Rede ist, dann geht es um die Wiederbelebung der Innenstadt.

Dabei ist der Begriff *Wiederbelebung* bereits eine falsche Bezeichnung, die schon vom Ansatz her in eine Sackgasse führt. Es kann heute nicht darum gehen, die Innenstadt in dem, was sie früher einmal war, wiederzubeleben. Dieses Leben ist Vergangenheit und für immer vorbei. So schwer es manchem auch fallen mag, sich damit abzufinden, ist der sogenannte CBD, das eigentliche Geschäftszentrum Johannesburgs, für die Innenstadt endgültig gestorben. Es ist nicht damit zu rechnen, dass die Wirtschaft aus den neuen Büros und der Gartenlandschaft der Business Parks im Norden der Stadt in die Enge der Innenstadt zurückkehren wird. Darauf zu warten oder zu hoffen ist nicht nur sinnlos, sondern auch unangebracht. Die Innenstadt hat wenig Grund, der Wirtschaft als einer Art Hauptmieter nachzutrauern. Auch als die Wirtschaft ihre Büros und Hauptverwaltungen noch in der Innenstadt hatte, war die Innenstadt abends ab 18:00 Uhr tot.

Was eine wirkliche Erneuerung der Innenstadt mehr als alles andere beeinträchtigt, ist die ungeklärte Rivalität zu Sandton. Wenn sich beide Stadtteile in ihrer zukünftigen Entwicklung nicht im Weg stehen sollen, dann müssen sie sich so gegeneinander abgrenzen, dass jeder seinen eigenen

Charakter im Sinne einer unabhängigen Identität entwickeln kann. Wenn Sandton darauf besteht, das neue Geschäftszentrum Johannesburgs zu sein, dann soll es sich damit zufriedengeben und nicht auch noch versuchen, Mittelpunkt des städtischen Lebens zu sein. Soweit Sandton bemüht ist, wie übrigens auch die anderen größeren Vororte Johannesburgs, städtisches Leben für sich zu reklamieren, ist es dort in der künstlichen Atmosphäre der *Shopping Malls* am Verkümmern. Auch wenn man diese Shopping Malls wie jetzt in Sandton immer noch einmal erweitert, vergrößert man damit doch nur den Käfig, in dem das städtische Leben gefangen bleibt.

Die Innenstadt Johannesburgs ist heute der einzige öffentliche Raum, in dem sich ein solch städtisches Leben frei entfalten und eine Eigendynamik im Sinne einer Weltstadt entwickeln könnte. Insofern bietet der Exodus der Wirtschaft für die Innenstadt eine echte Gelegenheit, um sich in einer unerwarteten Rolle völlig neu zu erfinden. Man muss die Chance wie bei jedem Rückschlag nur erkennen und das Beste daraus machen. Es genügt deshalb nicht, die Innenstadt lediglich zu sanieren, sondern man muss ihr gleichzeitig eine neue Identität als Mittelpunkt des städtischen Lebens von Johannesburg verleihen. Dass so etwas möglich ist, hat Hillbrow früher bereits bewiesen. Dort gab es in den Sechziger- und frühen Siebzigerjahren des vorigen Jahrhunderts schon einmal so etwas wie ein städtisches Eigenleben, bevor es mit dem Verfall der Innenstadt zu Prostitution, Drogenhandel und allgemeiner Verwahrlosung verkam.

Insofern ist Hillbrow eher ein warnendes Beispiel, wenn es darum geht, die Innenstadt Johannesburgs in einen Mittelpunkt städtischen Lebens zu verwandeln. Um ein ähnliches Schicksal zu vermeiden, muss man vor allem darauf achten, ein möglichst ausgewogenes Verhältnis zwischen den Protagonisten eines solchen Lebens zu wahren. Die Innenstadt verfügt noch immer über die notwendige Infrastruktur, um den

Bedürfnissen aller Beteiligten gerecht zu werden. Noch sind die meisten Hotels von früher, wenn auch nur als Schatten ihrer selbst, vorhanden. Sie alle könnten mit verhältnismäßig geringem Aufwand wieder zu dem Fünfsterneglanz herausgeputzt werden, den sie früher einmal besaßen. Auch viele öffentliche Einrichtungen, die einmal der Stolz der Innenstadt waren, sind noch da: die City Hall, die Public Library, die Johannesburg Art Gallery, der Supreme Court of South Africa oder der Hauptbahnhof Johannesburgs. Einige neue öffentliche Gebäude sind dazugekommen: der Constitutional Court, das Origins Museum und der ganze Kulturbezirk von Newtown. Das Stadttheater zusammen mit der Oper sowie der Konzertsaal des Linder Auditorium sind praktisch Teil der Innenstadt.

Auch die Wirtschaft ist mit wichtigen Teilbereichen noch immer in der Innenstadt vertreten. Solange sie das städtische Leben in dem hier verstandenen Sinn ab 18:00 Uhr nicht völlig zum Erliegen bringt, ist sie in der Innenstadt nicht nur willkommen, sondern kann auch wesentlich zu ihrer Belebung beitragen. Die Banken, Versicherungsunternehmen und Bergwerksgesellschaften, die noch immer ihre Hauptverwaltungen in der Innenstadt haben, beschäftigen heute über 50.000 Mitarbeiter, die zum Teil gerne dort wohnen würden, wenn die entsprechenden Voraussetzungen dafür bestünden. Das Gleiche gilt für all die Beamten, Angestellten und Mitarbeiter des öffentlichen Dienstes, der sich inzwischen in der Innenstadt ausgebreitet hat. Professoren und Studenten der nahe gelegenen Universität könnten in der Innenstadt wohnen und zur geistigen Atmosphäre des städtischen Lebens beitragen.

Eine der interessantesten Entwicklungen der letzten Jahre ist die Wiederentdeckung der Innenstadt als Wohngebiet. Viele Bürogebäude, die seit dem Auszug der Wirtschaft aus der Innenstadt jahrelang leergestanden hatten oder von illegalen Einwanderern besetzt worden waren, sind heute begehrte Wohnadressen. In den oberen Etagen geben exklusive Lofts oder Penthäuser mit großen Dachterrassen den neuen Wohnstil für modernes städtisches Wohnen vor und ziehen immer mehr Yuppies (2) als Mieter oder Eigentümer an. Dieser Trend, der noch vor einigen Jahren nicht vorstellbar gewesen wäre, hat inzwischen auch die Stadtplaner ermutigt, etwas für den öffentlichen Raum und Freizeitwert der Innenstadt zu tun.

Seit Neuestem sind mehrere Fußgängerzonen entstanden: die Main Street zum Beispiel im westlichen Teil der Innenstadt vom Magistrates Court bis zur Simmonds Street; Bank City, zwischen Jeppe, Pritchard, Harrison und Sauer Street oder die Smal Street zwischen dem Carlton Centre und dem Supreme Court. In der Fußgängerzone der Hollard Street sowie auf dem Gandhi Square wagen sich die ersten Straßencafés zaghaft auf die noch viel zu wenigen Plätze im Freien. Man muss all diesen Ansätzen und Vorstößen städtischen Lebens nur den nötigen Freiraum lassen, damit sie eine kritische Masse entwickeln und so das Wesen der Innenstadt verändern.

Auch demografisch gesehen bringt Johannesburg die besten Voraussetzungen mit, um für die notwendige Abwechslung zu sorgen. Es gibt weltweit kaum eine andere Stadt mit einer solchen Vielfalt an Rassen, Kulturen, Sprachen und Menschen unterschiedlichster Herkunft, die heute alle friedlich miteinander leben und Multikulturalismus sozusagen in Reinkultur vollführen. Wenn es gelingt, dafür einen öffentlichen Raum in der Innenstadt zu schaffen, dann wäre ein solch städtisches Leben nicht nur eine echte Attraktion für Johannesburg, sondern auch vorbildhaft für andere Großstädte in der Welt.

Städtisches Leben, so interessant es sein mag, ist jedoch kein Selbstzweck, der sich in der Konzentration von Menschen auf einen öffentlichen Raum oder in oberflächlichem Sehen und Gesehenwerden erschöpft. Wenn es authentisch ist, ist es oft der Nährboden für eine Kultur, die heute weitgehend städtisch geprägt ist. Die Blüte der modernen amerikanischen Malerei in den Fünfziger- und frühen Sechzigerjahren des zwanzigsten Jahrhunderts ist ohne das städtische Leben von New York nicht vorstellbar. Die philosophischen Auseinandersetzungen um die gesellschaftliche Relevanz von Existenzialismus oder Strukturalismus im Paris der Nachkriegszeit fanden im Café Les Deux Magots sowie in den Straßencafés am Boulevard St. Germain statt.

Johannesburg hat heute etwas von der episodischen Glanzzeit dieser Städte, ohne dass sich bisher eine eigene geistige oder künstlerische Strömung daraus abgezeichnet hätte. Es ist, als sei mit der Aufhebung der Apartheid der Deckel von einem Fass angestauter kreativer Energie gelüftet worden. Überall sprudelt es vor Ideen und Begabungen und melden sich neue Künstler zu Wort. Das moderne afrikanische Ballett erlebt zurzeit mit *African Footprints* künstlerische Höhepunkte im modernen Ausdruckstanz. Das *Soweto String Quartett* feiert mit Aufnahmen wie *Zebra Crossing*, *Renaissance* oder *Millennia* internationale Erfolge und ist die bevorzugte Cross-over-Gruppe Mandelas. Der *Soweto Gospel Choir* kann zwei Grammy Awards für sich verbuchen und gehört heute zu den besten Gospelchören in der Welt.

Früher besaß Johannesburg immer so etwas wie einen kulturellen Minderwertigkeitskomplex gegenüber Kapstadt, die als Kulturhauptstadt Südafrikas galt. Wenn man als Stadt 250 Jahre älter ist, dann gehört nicht viel dazu, um eine längere Tradition kultureller Einrichtungen nachweisen zu können. Die südafrikanische Nationalgalerie in Kapstadt mag zwar älter als die Johannesburger Art Gallery sein, ist aber deswegen weder größer noch bedeutender. Johannesburg steckte praktisch noch in den Kinderschuhen, als Lady F. Phillips (3) 1910 der Stadt ihre Gemäldesammlung als Grundstock für das heutige Museum vermachte. Es ist sozusagen Johannesburgs eigene *Phillips Collection*, nicht so bedeutsam wie das Gegenstück in Washington, aber getragen von dem gleichen Geist eines kunstbeflissenen Mäzenatentums. Dieser Geist ist erhalten geblieben und hat dazu geführt, dass Johannesburg heute Kapstadt kulturell den Rang abgelaufen hat.

Es ist ein kulturpolitisch bekanntes Phänomen, dass Kultur am besten im Umfeld reicher Städte gedeiht. Die Reichen haben sich noch immer und überall mit Kultur umgeben. So auch in Johannesburg. Alle Großbanken, die hier ihren Hauptsitz haben, sind stolz auf ihre bedeutenden Kunstsammlungen. ABSA und Standard Bank betreiben darüber hinaus eigene Galerien für öffentliche Ausstellungen, die den entsprechenden Museumsveranstaltungen in nichts nachstehen. Die Johannesburger Kunstmesse zieht Aussteller aus ganz Afrika an und ist repräsentativ für den gesamten Kontinent. Wie auf Johannesburg gemünzt ist das Thema für die Messe in 2010: Kunst und Industrie.

Auch Künstler sind in einer Großstadt wie Johannesburg besser aufgehoben, nicht nur wegen der geistigen Anregung und der Ausstellungsmöglichkeiten in den zahlreichen Galerien, sondern nicht zuletzt auch wegen der Stipendien und Preise, die dort vergeben werden. Die Wirtschaft ist wie in Amerika der Hauptsponsor für die darstellenden Künste in Südafrika. Viele Einrichtungen wie zum Beispiel das Market Theatre oder das Johannesburger Symphonie Orchester, um nur zwei zu nennen, könnten ohne die finanzielle Unterstützung durch die Wirtschaft gar nicht existieren. In *Business & Arts South Africa (BASA)*, einer gemeinnützigen Partnerschaft zwischen Regierung und Industrie, ist die Förderung der Künste und des kulturellen Lebens durch die Wirtschaft sogar institutionalisiert. Kreativ am lohnendsten ist die Symbiose von Kunst und Kommerz dort, wo ihre Interessen wie in der Werbung zusammenkommen und zum beiderseitigen Vorteil gereichen. Die Johannesburger Werbeagenturen gehören mit zu den besten in der Welt und erhalten für ihre

Werbung immer wieder internationale Auszeichnungen. Ihre Fernsehspots sind so einfallsreich und clever, dass man nicht die Werbung, sondern das Programm dazwischen als störend empfindet.

Auf künstlerischer Ebene ist William Kentridge, eine Art südafrikanischer Picasso, das internationale Aushängeschild für diese kreative Energie. In seinen künstlerischen Adaptionen, beispielsweise der *Zauberflöte* oder von Büchners *Woyzeck*, verbindet er mehrere Kunstformen gattungsübergreifend miteinander und schafft so ein schillerndes Amalgam, das je nach der Beimischung eigener Elemente zu einer künstlerisch interessanten neuen Legierung verschmilzt.

Vor Kurzem hat Kentridge sein Studio in Arts on Main, einem ehemaligen Fabrikgebäude in der Main Street bezogen, einer Gegend, wo sich bis vor zwei Jahren kaum jemand hingetraut hat, ohne um sein Auto oder Leben zu fürchten. Es ist, als wolle man die Innenstadt von beiden Seiten kulturell einkreisen, durch Newtown im Westen und Arts on Main im Osten. Dazwischen brauchte man nur die Johannesburg Art Gallery nach den ursprünglichen Plänen, die nie ganz verwirklicht wurden, auszubauen, damit aus der ehemaligen Wirtschaftsader der Commissioner Street so etwas wie eine Kultur- oder Museumsmeile wird.

Wie bei jedem Strukturwandel erkennen die betroffenen Regionen oder Städte meistens als Letzte, wo der Wandel hinführt, weil sie zu sehr in ihrem alten Selbstverständnis gefangen sind. Den meisten fällt es deshalb heute noch schwer, sich die Wirtschaftsmetropole Johannesburg als Kulturstadt vorzustellen. Dabei ist die Entwicklung dorthin bereits in vollem Gange. Man muss sie nur ins allgemeine Bewusstsein bringen. Wenn man sich erst einmal daran gewöhnt hat, dann fällt es vielleicht auch nicht mehr so schwer, sich Johannesburg als Kulturhauptstadt Afrikas vorzustellen. Wer hätte je gedacht, dass Essen einmal Kulturhauptstadt Europas werden würde?

Träume haben es an sich, dass man daraus erwacht und von einer ganz anderen Wirklichkeit wieder eingeholt wird. Die Achillesferse Johannesburgs auf dem Weg zur Weltstadt ist der desolate Zustand der öffentlichen Verkehrsmittel sowie das Monopol, das die Black Taxis auf diesem Sektor praktisch für sich behaupten.

Die Black Taxis werden so genannt, weil sie bis auf seltene Ausnahmen nur von Schwarzen benutzt werden. Da sie meistens überladen und wegen der mangelnden Wartung zu gefährlich sind, wagt es kaum ein Weißer, sich in ein solches Taxi zu setzen. Als öffentliche Verkehrsmittel sind die Black Taxis sozusagen Johannesburgs Underground in des Wortes doppelter Bedeutung: Soweit eine U-Bahn damit gemeint ist, erfüllen sie die gleiche Funktion über der Erde; als Untergrundbewegung bedienen sie sich dabei derselben Methoden wie die Mafia.

Ende der Siebzigerjahre galten die Black Taxis als Paradebeispiel für den Unternehmergeist der Schwarzen, wenn man sie nur machen ließ, was ihnen bis dahin verwehrt war. Heute sind sie ein Ärgernis für jeden Verkehrsteilnehmer und ein Problem für die Regierung, die sie nicht mehr in den Griff bekommt. Mit einem Jahresumsatz von über 12 Milliarden Rand und etwa 200.000 Beschäftigten ist die Taxiindustrie heute ein wichtiger Wirtschaftsfaktor Südafrikas. Etwa zehn Millionen Schwarze benutzen täglich ein Taxi; ungefähr 20 % davon entfallen auf Johannesburg. Wie immer, wenn es um viel Geld geht, ist der Wettbewerb gnadenlos und oft im wörtlichen Sinne tödlich, weil die Schwarzen nicht damit umgehen können. Allein im Jahr 1999 haben die sogenannten Taxi Wars im Streit um die begehrten Routen und Standorte 258 Tote und 287 Verletzte gefordert.

Bevor Johannesburg sich anschickt, Weltstadt zu werden, muss die Stadt sicherlich erst ihr Verkehrsproblem lösen.

Johannesburg hat sich zu diesem Zweck unter anderen auf ein Projekt eingelassen, das seit seiner staatlichen Bewilligung am 7.12.2005 die Gemüter von Gegnern und Befürwortern gleichermaßen bewegt: der sogenannte Gautrain, eine zum Teil unterirdische Zugverbindung in ost-westlicher Richtung vom Flughafen nach Sandton und in nord-südlicher Richtung von der Innenstadt Johannesburgs nach Pretoria. Das Projekt ist zurzeit eines der weltweit größten Bauprojekte und mit Sicherheit das teuerste, das je für eine Stadt in Südafrika realisiert worden ist. Seit die Kosten dafür in der ursprünglichen Planung im Jahr 2002 mit 3,5 Milliarden Rand veranschlagt wurden, stieg der genehmigte Kostenvoranschlag im Jahr 2006 auf 25,2 Milliarden Rand und dürfte sich inzwischen auf 30 Milliarden Rand belaufen. Finanziert wird das Ganze zu gleichen Teilen von der Staats- und Provinzregierung bis zu einem Höchstbetrag von 20 Milliarden Rand und darüber hinaus von Bombela, einem Konsortium, das je zur Hälfte aus lokalen und internationalen Unternehmen der Privatwirtschaft besteht und für die Durchführung des Projekts verantwortlich zeichnet.

Am 28.9.2006 wurde mit den Bauarbeiten begonnen. Auch wenn das Projekt eigentlich nicht im Hinblick auf die Fußballweltmeisterschaft konzipiert worden war, sieht der Vertrag einen Anreiz von immerhin 150 Millionen Rand vor, falls der erste Bauabschnitt, das heißt, die Verbindung zwischen Flughafen und Sandton bis zum Beginn der Fußballweltmeisterschaft abgeschlossen ist. Die Strecke zwischen Innenstadt und Pretoria soll dann in einer zweiten Phase bis zum Jahr 2011 fertiggestellt werden.

Sieht man das Verkehrsproblem Johannesburgs in seiner Gesamtheit, so ist mit dem Gautrain aufgrund seiner geringen städtischen Flächendeckung verkehrstechnisch nicht viel gewonnen. Es ist deshalb nicht verwunderlich, dass der Gautrain als Projekt im Kreuzfeuer der Kritik steht. Das gilt zunächst neben den Kosten für das eher bedenkliche Genehmigungsverfahren. Das Projekt ist nie parlamentarisch, weder auf nationaler noch auf Provinzebene, abgesegnet worden. Als der im Parlament verantwortliche Transportausschuss nach einer öffentlichen Anhörung im November 2005 der Regierung empfahl, das Projekt nicht weiterzuverfolgen, setzte sich das Kabinett darüber hinweg und bewilligte am 7.12.2005 das Projekt. Umweltverbände und Bürgerinitiativen haben ihre Einwände geltend gemacht, ohne das Projekt jedoch verhindern zu können. Links orientierte Gruppierungen wie die Südafrikanische Kommunistische Partei und der gewerkschaftliche Dachverband COSATU (4) haben den Gautrain als *Zug der Reichen* gebrandmarkt.

Ganz bestimmt ist der Gautrain kein Verkehrsmittel für die Armen, und zweifellos hätte die Stadt mit all dem Geld verkehrstechnisch mehr machen können, um das Verkehrsproblem der Schwarzen aus den Townships zu lösen. Doch so sehr die Kritik auch begründet sein mag, geht sie an der eigentlichen Intention des Projektes vorbei. Der Gautrain war nie als billiges Verkehrsmittel, sondern immer als Prestigeprojekt gedacht. Als solches ist er richtungsweisend für die zukünftige Entwicklung Johannesburgs auf dem Weg, eine moderne Weltstadt zu werden.

Wenn der Gautrain einmal voll in Betrieb ist, wird man in Zukunft die Strecke zwischen Flughafen und Sandton bei einer vorgesehenen Reisegeschwindigkeit von 160 Kilometer pro Stunde in zehn Minuten zurücklegen können. Für die Strecke zwischen der Innenstadt und Pretoria wird es etwas länger dauern, aber mit 40 Minuten Fahrtzeit ist es immer noch weniger als die Hälfte der Zeit, die man mit dem Auto braucht.

Auf den insgesamt zehn Streckenbahnhöfen stehen ausreichend Parkplätze zum Teil als Tiefgarage zur Verfügung, die nur für die Benutzer des Gautrains reserviert sind und nur mit einem entsprechend vorprogrammierten Chip benutzt werden können.

Ingenieursmäßig ist der Ausbau der unterirdischen Strecken eine technische Meisterleistung auf der Höhe modernster

Technik. Für die Tunnelbohrungen wurde eine in Deutschland speziell entwickelte Bohrmaschine (5) eingesetzt, die gleichzeitig mit dem Vortrieb die Felssicherung durch eine bergmännisch gerechte Ausschalung der Tunnelwände sicherstellt. In Afrika ist eine vergleichbare Maschine bisher noch nie zum Einsatz gekommen. Als sie in Rosebank zusammengebaut wurde, hat sie mit einer Länge von 160 Metern und einem Schildgewicht von über 600 Tonnen die Schwarzen so sehr beeindruckt, dass sie ihr wie einem Indianerhäuptling ehrfürchtig den Namen *Imbokodo* (Großer Fels) gaben.

Während der *Imbokodo* im Einsatz war, verbrauchte er so viel Energie, dass es für den Strombedarf Johannesburgs nicht mehr reichte und viele Stadtteile abwechselnd für mehrere Stunden am Tag monatelang mit Stromausfällen zu kämpfen hatten. Das hat die Spannung nicht zu beeinträchtigen vermocht, mit der die Ankunft des ersten Zuges erwartet wurde. Als es soweit war, nahmen bei seinem »Empfang« in Durban die Menschen wie an einem Staatsereignis teil. Das stromlinienförmige Aussehen des Zuges trug ihm spontan den Namen *African Beauty* ein. Bei seiner Überführung nach Johannesburg bildeten die Menschen auf weiten Strecken Spalier oder liefen neben dem Zug wie neben einer Staatskarosse her und beklatschten die leeren Waggons, als säße ihr Staatspräsident darin. Selbst heute noch, wenn er zu Testzwecken auf der Strecke nach Midrand zum Einsatz kommt, bleiben die Autofahrer auf der N1 stehen, um die *African Beauty* zu bewundern.

So belanglos diese Einzelheiten auch sein mögen, so eindringlich vermitteln sie doch ein Gefühl dafür, was der Gautrain nicht nur für Johannesburg, sondern für Südafrika insgesamt bedeutet. Er ist gewissermaßen der versinnbildlichte nationale Stolz auf das, was das Land erreicht hat und wozu es fähig ist. Selbst die erbittertsten Gegner können ihren Stolz nicht verbergen.

In München wird man sich im Hinblick auf den Transrapid derweil wundern, wie es kommt, dass eine Stadt wie Johannesburg in der Lage ist, ein Projekt zu realisieren, das man selbst viel besser handhaben könnte, aber trotzdem nicht zustande bringt. Wahrscheinlich lässt sich in Deutschland heute die Zukunft nicht mehr wie früher im Übermut einer verloren gegangenen Aufbruchsstimmung gewinnen, sondern nur noch durch die ängstlichen Bedenken eines ökologischen Bewusstseins retten.

Wie traurig wäre es andererseits um die Entwicklung der Menschheit bestellt, wenn wir uns in Zukunft neben der Verantwortung für die Umwelt nicht mehr der Herausforderung des technischen Fortschritts stellen würden. Auch zum Überleben sind wir auf den Erfindergeist des Homo faber in uns angewiesen.

Auch wenn der Gautrain heute sicherlich zu den modernsten städtischen Verkehrsmitteln in der Welt gehört, löst er nicht das Verkehrsproblem Johannesburgs. Das Black Taxi, selbst wenn es sich zähmen und zivilisieren ließe, ist dazu genauso wenig in der Lage. Für eine Untergrundbahn ist es nicht nur zu spät, sondern dafür ist die Stadt auch zu sehr zersiedelt, ganz abgesehen davon, dass das Labyrinth der Schächte und Stollen, die überall unter der Stadt verlaufen, ein solches Verkehrsmittel aus sicherheitstechnischen Gründen unmöglich macht.

Das Transportsystem, für das man sich jetzt entschieden hat, ist ein straßenbahnähnliches Bussystem mit eigens für den Busverkehr reservierten Trassen, wie es auch in anderen Städten, zum Beispiel in São Paulo oder Mexico City, anzutreffen ist. Für das eigene BRT-System, wie das international geläufige Akronym (Bus Rapid Transit) dafür lautet, hat man sich am Vorbild von Bogotá orientiert. Vielleicht heißt es deshalb auch *Reya Vaya* (Wir bewegen uns).

In einer ersten Phase des Projekts sollen bis zum Beginn der Fußballweltmeisterschaft im Juni 2010 eigene Trassen mit einer Gesamtlänge von 120 Kilometern und insgesamt 150 Haltestellen entstehen. Der Kostenaufwand dafür beläuft sich auf zwei Milliarden Rand. In seiner Endphase wird sich die Streckenlänge auf 330 Kilometer belaufen mit Haltestellen im Abstand von jeweils 500 bis maximal 750 Meter.

Eine Busflotte von 427 Streckenfahrzeugen und 413 Zubringerbussen soll dafür sorgen, dass die Verkehrszeiten zwischen den einzelnen Haltestellen von drei Minuten (zu Stoßzeiten) beziehungsweise zehn Minuten (bei Normalverkehr) eingehalten werden. Die Busse sollen übrigens den Emissionsvorgaben von Euro IV entsprechen. Es ist erklärtes Ziel, die Benutzung von privaten und öffentlichen Verkehrsmitteln auf ein Verhältnis von 30:70 zu bringen.

Das Institute for Tansport and Development Policy (ITDP) in Washington hat für das Jahr 2010 den Preis für Innovationen auf dem Gebiet des öffentlichen Transportwesens an Johannesburg verliehen und damit das erste BRT-System in Afrika ausgezeichnet. Danach sieht es so aus, als habe die Stadt ihr Dilemma, über kein angemessenes öffentliches Verkehrssystem zu verfügen, mit dem neuen BRT-System gelöst. Das Problem, mit dem sich die Stadt jetzt konfrontiert sieht, ist der operative Teil des Systems, das heißt, wer für den Betrieb von *Rea Vaya* verantwortlich sein soll.

Den Planern des neuen Systems war von Anfang an klar, dass ein Busbetrieb, der im Wettbewerb zum faktischen Monopol der Black Taxis steht, die Taxiindustrie auf den Plan rufen würde, die den Markt der ca. zwei Millionen Taxibenutzer am Tag wie die Mafia als ihre Domäne betrachtet. Die Methoden, wie die Taxiindustrie mit jeder Art von Wettbewerb umgeht, sind aus den berüchtigten Taxi Wars nur allzu bekannt. Die Verhandlungen der Stadtverwaltung mit der Taxiindustrie, um sie zum Einlenken zu bewegen, hatten deshalb auch etwas von dem Charakter zäher Friedensverhandlungen und erwiesen sich als nicht weniger schwierig. Die Verhandlungsposition der Stadt war unter anderem dadurch geschwächt, dass man für einen erfolgreichen Betrieb des neuen Systems auf den Zubringerdienst der Taxiindustrie angewiesen war. Nach langen mühsamen Verhandlungen mit sechs verschiedenen Taxiorganisationen kam es am 14.12.2007 schließlich zu einem *Memorandum of Understanding* mit der Dachorganisation der Taxiindustrie für den Großraum Johannesburg, dem Greater Johannesburg Regional Taxi Council (GJRTC), in dem die Taxiindustrie sich zur Kooperation bereit erklärte. Der Vertrag war nicht von langer Dauer, denn bald darauf war man wieder auf Konfrontationskurs. Alle Bemühungen und Zugeständnisse, um die Taxiindustrie für das neue System zu gewinnen, blieben erfolglos und konnten den Widerstand nicht brechen.

Als man sich darüber hinwegsetzte und am 31. August 2009 das neue System auf einer Teilstrecke in Betrieb nahm, dauerte es dann auch nicht lange, bis das erste Opfer, die Wache eines der Planungsverantwortlichen, erschossen wurde.

Jetzt scheint die Taxiindustrie ihr Ziel erreicht zu haben. Ein mit der Stadtverwaltung abgeschlossener Vertrag sieht vor, dass die zukünftige Betriebsgesellschaft, die das System für die Stadt betreibt, zu 100% von der Taxiindustrie kontrolliert wird. Der Vertrag birgt Risiken und Chancen zugleich; Risiken insofern, als das ganze System zum Scheitern verurteilt ist, wenn die Taxiindustrie ihre Mafiamethoden im Umgang mit dem Wettbewerb nicht ablegt und im Übrigen weiterhin durch die Rücksichtslosigkeit ihrer Fahrer und die Verkehrsuntauglichkeit vieler ihrer Minibusse eine Gefahr für den öffentlichen Verkehr darstellt; Chancen insofern, als man mit der Einbindung der Taxiindustrie in ein öffentlich-rechtlich betriebenes Verkehrssystem die seit Langem diskutierte und dringend erforderliche Umwandlung der Taxiindustrie besser in den Griff bekommt.

Fünfzig Kilometer nordwestlich von Johannesburg entfernt liegt die sogenannte *Wiege der Menschheit* (The Cradle of Humankind), ein Eldorado für anthropologisch interessierte Besucher, die zu den Fundstätten von *Mrs. Ples* und *Little Foot* in der nahegelegenen Höhle von Sterkfontein wie zu einem Wallfahrtsort der Anthropologie pilgern.

Die *Wiege der Menschheit* wurde 1999 von der UNESCO zu einem Weltkulturerbe erklärt und ist mit ihren zahlreichen Fundstätten hominider Fossilien heute so etwas wie ein prähistorisches Lehrbuch. Insofern geht es dort mehr um unsere entwicklungsgeschichtliche Vergangenheit als um die Zukunft Johannesburgs.

Wenn hier trotzdem auf diese Vergangenheit eingegangen wird, dann deshalb, weil die Stadt bisher für ihre Zukunft zu wenig daraus gemacht hat. Johannesburg ist geschichtlich eben immer noch unbedarft. Man kann eine so ungewöhnliche Vergangenheit, an der die ganze Welt ein kulturhistorisches Interesse hat, nicht einfach außerhalb Johannesburgs den Touristen überlassen, als ginge sie die Stadt nichts an. Für die Besucher der *Wiege der Menschheit* gibt es zugegebenermaßen *Maropeng*, ein populärwissenschaftliches Besucherzentrum, das mit viel Aufwand in der Art eines Themenparks die Entwicklungsgeschichte des Menschen anhand von hominiden Rekonstruktionen allgemein verständlich macht. Ein solches Besucherzentrum wird jedoch schwerlich dem wissenschaftlichen Anspruch gerecht, den Johannesburg zu Recht auf eine führende Rolle in der anthropologischen Forschung erhebt. Diese Rolle geht bis auf das Jahr 1924 zurück, als Raymond Dart, Professor für Anatomie an der Universität von Johannesburg, den Nachweis erbrachte, dass es sich bei einem in Taung gefundenen Kinderschädel, dem sogenannten Taungkind, um den Schädel eines Urmenschen (Australopithecus) handelt. Seitdem reißt die Liste bedeutender

Wissenschaftler auf dem Gebiet der Anthropologie nicht ab. Namen wie Robert Broom, J. T. Robinson, Charles Kimberlin Brain, Alun Rhun Hughes, Ron Clarke, Lee Berger, Francis Thackeray, Kevin Kuykendall, André Keyser und Phillip Tobias als Doyens der Zunft haben weltweit einen guten Klang und genießen das Ansehen der internationalen Fachwelt. Sie alle entstammen der Witwatersrand University, die mit ihren Entdeckungen auf dem Gebiet der Anthropologie immer wieder wissenschaftliches Aufsehen erregt hat. Zu den bedeutendsten entwicklungsgeschichtlichen Funden gehört der 1947 von Robert Broom und J. T. Robinson entdeckte Schädel von *Mrs. Ples* sowie das 1997 von Ron Clarke gefundene fast vollständige Skelett von *Little Foot*. In beiden Fällen handelt es sich um hominide Fossilien aus der Höhle von Sterkfontein, die zu den ältesten Funden in der Entwicklungsgeschichte des Menschen gehören. Wenn die Ankündigungen von Francis Thackeray anlässlich eines jüngst gehaltenen Vortrages nicht zu viel versprechen, können wir uns demnächst auf noch spektakulärere Entdeckungen durch Lee Berger auf dem Gebiet der Paläontologie gefasst machen.

Das Origins Centre auf dem Gelände der Universität versucht, mit einem entsprechend höheren wissenschaftlichen Anspruch als Maropeng diesem Ruf der Witwatersrand University gerecht zu werden. Im März 2006 vom damaligen Staatspräsidenten Thabo Mbeki offiziell eröffnet, ist das Origins Centre heute das einzige Museum der Welt, das ausschließlich der Anthropologie und dem Ursprung des Menschen gewidmet ist. Da die San in diesem Zusammenhang wesentlichen Aufschluss geben, ist ein großer Teil des Museums ihrer Kultur und ihren frühen Felsmalereien gewidmet.

So gelungen das Origins Centre in seiner Architektur und Aufmachung auch ist, bleibt es doch immer nur das Museum einer Universität und nicht einer Weltstadt. Dazu fehlt der größere ethnologische Zusammenhang mit den Völkern und Kulturen des gesamten afrikanischen Kontinents.

Ein solches kulturhistorisches Museum für Gesamtafrika wäre eine kulturelle Herausforderung für Johannesburg als Weltstadt. Es ist nicht einzusehen, warum das Völkerkundemuseum in München oder das Ethnologische Museum in Berlin größere Sammlungen afrikanischer Kunst und Gebrauchsgegenstände haben sollte als irgendeine Stadt in Afrika. Man brauchte nur die Bestände afrikanischer Kunst aus der Kuratoriumstätigkeit der Wits Art Galleries über die letzten 70 Jahre, die heute in den Magazinen der Universität verstauben, mit denen des Origins Centres und des MuseuMAfricA zusammenzuführen, und schon hätte man den Grundstock für ein gesamtafrikanisches kulturhistorisches Museum von internationaler Bedeutung.

Für die Planung und den Bau eines solchen Museums müsste sich Johannesburg etwas Besonderes einfallen lassen, wie schon einmal beim Bau von No. 11 Diagonal Street, einem diamantförmigen Glashochhaus nach den Plänen von Helmut Jahn. Das Gebäude hat damals weltweit Aufsehen erregt und wartet nur auf eine baulich angemessene Nachbarschaft. Ganz in der Nähe davon wäre Platz genug, um in einer ebenso eigenwilligen Architektur, der nichts zu groß oder zu teuer ist, ein Museum ähnlich wie das Guggenheim-Museum in Bilbao entstehen zu lassen, das die Aufmerksamkeit und Bewunderung der ganzen Welt auf sich lenkt.

Ein solches Museum würde nicht nur Touristen aus aller Welt anziehen, sondern auch jedem, der ein wissenschaftliches Interesse an Afrika hat, die entsprechenden Forschungsvoraussetzungen bieten. Wenn ich einen Wunsch dabei hätte, würde Angus Taylor, ein Künstler aus Pretoria, die Statue für den Vorplatz liefern, eine jener Hephaistosskulpturen aus Stein und Stahl, die den mythischen Ursprung des Menschen mit einer Vision seiner Entmenschlichung verbinden und so ganz im Sinne des Museums die Suche nach uns selbst als dem geheimnisvollen Link zwischen Vergangenheit und Zukunft ins Künstlerische übertragen. Ein solches Museum in Verbindung mit einem Forschungszentrum für Anthropologie, Paläontologie und Afrikanistik wäre eine ideale Ergänzung zu der angedachten Rolle Johannesburgs als zukünftige Kulturhauptstadt Afrikas.

Alles ist möglich (1)
(Nicht nur, wenn es um die Fußballweltmeisterschaft geht)

Wenn der Bürgermeister Johannesburgs von seiner Stadt immer wieder als einer Weltstadt spricht, wird er oft belächelt und nicht ganz ernst genommen. Die Probleme der Stadt sind in der Tat so gewaltig, dass man versucht ist, den Pessimisten recht zu geben, die den bürgermeisterlichen Weltstadtgelüsten eher skeptisch gegenüberstehen. Andererseits ist das Potenzial Johannesburgs wie Südafrikas insgesamt ebenso überwältigend und zukunftsträchtig. Wenn man sich wie ich davon anstecken lässt, kann man nur ins Träumen geraten.

Wie immer beim Träumen muss man die Augen dabei verschließen: vor den Problemen des Alltags, die einen in die Wirklichkeit zurückholen; vor den Schlaglöchern in den Straßen und den Verkehrsampeln, die nicht funktionieren, und die beide ein alarmierendes Anzeichen für den Verfall unserer Infrastruktur sind; vor der Ineffizienz und Korruption in den staatlichen Behörden und öffentlichen Ämtern. Wenigstens bei den Jungen hätte man einen gewissen Idealismus erwartet, dem es um Südafrika und das Wohl der Menschen in diesem Land geht. Wie das ganze Spektakel um Julius Malema (2) beweist, sind sie genau so korrupt wie die Älteren und wie diese nur auf ihren eigenen Vorteil bedacht und an ihrer persönlichen Bereicherung interessiert.

Auch das politische Risiko muss man dabei außer Acht lassen, das bei den gegebenen Mehrheitsverhältnissen immer auch die Möglichkeit eines Einparteiensystems wie anderswo in Afrika in sich birgt. Man muss die Augen verschließen vor den unterschwelligen Stammesfehden und der latenten Gefahr ethnischer Konflikte; vor der afrikanischen Anfälligkeit für Diktatur, Nepotismus und ökonomische Misswirtschaft.

Wenn man aus all diesen Ängsten erwacht, nimmt sich der Traum vom Neuen Südafrika eher wie ein Albtraum aus.
Man darf sich davon nicht entmutigen lassen. Die Geschichte Südafrikas ist schon immer voller Wagnisse und Wunder gewesen: vom Großen Treck, über die Schlacht am Blood River bis hin zu den Wahlen vom 27. 4. 1994. Der Übergang von der Apartheid zum Neuen Südafrika, der durch diese Wahlen vollzogen wurde, war mit größeren Risiken verbunden.
Erst mit dem Neuen Südafrika haben sich die bis dahin eher unwahrscheinlichen Möglichkeiten für das Land ergeben. Wenn es um die Zukunft Südafrikas geht, muss man sich an diese Möglichkeiten halten, so wie Helen Zille, Oppositionsführerin der *Democratic Alliance*, für die *Südafrika in den nächsten 20 Jahren das interessanteste Land sein wird, wo es sich lohnt, zu leben und einen Beitrag zu einer Entwicklung zu leisten, von der Generationen danach noch sprechen werden.* Auch wenn es eher unwahrscheinlich ist, dass sie als unsere nächste Staatspräsidentin die Geschicke Südafrikas lenken wird, wozu sie aufgrund ihrer Bewährung als *die beste Bürgermeisterin in der Welt* (3) während ihrer Amtszeit in Kapstadt wahrscheinlich besser geeignet wäre als unser gegenwärtiger Amtsinhaber, ändert sich dadurch nichts an dem Potenzial des Landes.
Damit dieses Potenzial zum Tragen kommt, bedarf es größter Umsicht und Besonnenheit aller Beteiligten, des guten Willens von Schwarz und Weiß sowie ihrer jeweiligen Vorzüge und Stärken, die schon einmal das Wunder des friedlichen Wandels in Südafrika vollbracht haben. Da sich dieser Wandel hauptsächlich in Johannesburg vollzieht, bedarf es darüber hinaus der Zukunftsgläubigkeit einer Stadt wie Johannesburg, ihrer Zuversicht und Energie, die dafür bekannt sind, das Unmögliche möglich zu machen, wenn aus dem Traum vom Neuen Südafrika Wirklichkeit werden soll.

Anmerkungen

Warnung an den Leser

1) Regenbogennation als Metapher für die Vielfarbigkeit der Bevölkerung Südafrikas. Mehr über die Entstehung des Begriffs auf Seite 66.
2) Das Neue Südafrika ist das Südafrika nach der Apartheid, das heißt, ab den Wahlen vom 27.4.1994.

Widerlegung eines Vorurteils

1) Ungefähr 16.000 Hektar Land werden durch die Entsorgung der Mine Dumps für die städtische Bebauung frei. Das Projekt läuft unter dem Namen *Hloekisa,* das Wort in Sotho für *Aufräumen.*
2) 2004 wurde ERGO von Anglo Gold Ashanti aufgegeben. 2007 wurde der Betrieb im Rahmen eines Joint Ventures zwischen DRDGOLD SA und Mintails SA wieder aufgenommen. 15 Millionen Tonnen Geröll mit einem Goldgehalt von durchschnittlich 75.000 Unzen werden jährlich aufbereitet. ERGO hat sich die *Mine Dumps* im Ostrand mit 1,7 Milliarden Tonnen Schutt und einem geschätzten Goldgehalt von 15 Millionen Unzen Gold gesichert.
3) *Crown* gehört wie ERGO zu DRDGOLD SA und verfügt über die größten Wiederaufbereitungsanlagen (Crown Mines, City Deep und Knights), hauptsächlich für die Abraumhalden im Süden Johannesburgs.
4) Das *Highveld* ist ein Hochplateau im Innern Südafrikas und umfasst im Wesentlichen das Gebiet von Gauteng.
5) Das Wetter, wie es hier geschildert wird, war der übliche Wetterverlauf während der letzten 30 Jahre. Möglicherweise ist Johannesburg seit 2009 auch von dem allgemeinen Klimawandel betroffen.
6) *Yves Klein,* 1928–1962, französischer Maler, bekannt für seine monochromen Gemälde, hauptsächlich in Blau.
7) *Alexandra,* auch Alex genannt, ist ein Township nicht weit von Sandton entfernt, mit ungefähr 500.000 Einwohnern. Da viele Einwanderer aus Simbabwe in Alexandra wohnen, hatte der Ausbruch von Fremdenhass 2008 dort seinen Ursprung.
8) Illegale Siedlungen, hauptsächlich auf Staatsgelände.
9) *Orange Farm* ist das größte Squatter Camp südlich von Johannesburg mit ungefähr 350.000 Einwohnern.
10) Bezeichnung für Vororte.
11) Bezeichnung für die Barackensiedlungen in den Randgebieten von Rio de Janeiro und São Paulo.

Johannesburg damals

1) *Main Reef* ist die Hauptgoldader entlang der Main Reef Road mit den reichhaltigsten Goldvorkommen in der Welt.
2) *Witwatersrand*, abgekürzt oft nur Rand genannt, ist als »Kamm des weißen Wassers« die Wasserscheide zwischen dem Vaal und dem Fluss Limpopo. Heute verbindet man damit das geologische Gebiet in Südafrika mit den größten Goldvorkommen.
3) *Battle of Blood River*, 16. Dezember 1838, Schlacht zwischen den Vortrekkern und den Zulus, wird so genannt, weil der Ncombe Fluss vom Blut der 3.000 gefallenen Zulus rot gefärbt war. Der 16. Dezember ist in Südafrika ein Feiertag, bis 1994 als *Day of the Covenant*, seitdem als *Day of Reconciliation*.
4) *Barney Barnato*, 5.7.1852–14.6.1897 mit richtigem Namen Barnet Isaacs, einer der Randlords, der zunächst in Kimberley durch den Verkauf seiner Diamanteninteressen an Cecil J. Rhodes zu einem der reichsten Leute geworden war, bevor er in Johannesburg einer der einflussreichsten Randlords wurde.
5) *Sir Alfred Beit*, 15.2.1853–16.7.1906, englischer Randlord deutscher Herkunft, Mitbegründer des Londoner Bankhauses Wernher, Beit & Co. Freund und Förderer Cecil J. Rhodes.
6) *Sir Julius C. Wernher*, 9.4.1850–21.5.1912, deutschstämmiger Randlord; verwaltete seine 70 südafrikanischen Gesellschaften hauptsächlich von London aus, mit Hermann Eckstein als lokalem Verwalter. Erwarb über Wernher, Beit & Co die Kontrolle über De Beers Consolidated Mines.
7) *Kaffir*, rassistischer Begriff, früher geläufige Bezeichnung für Schwarze. Kaffir bedeutet einer, der nicht an Gott glaubt. Heute ist die Bezeichnung als Kaffir beleidigend und rechtlich verboten.
8) Das sind die J.B. Robinson Gruppe; Wernher, Beit & Co; Consolidated Goldfields (Rhodes); Johannesburg Consolidated Investments (Barney Barnato); Anglo French (George Farrar); A. Goerz & Co.; General Mining (Albu Brothers); Lewis & Marks; S. Neumann & Co und die Abe Bailey Gruppe.
9) Elefanten; Löwen; Cheetahs; Büffel und Nashörner.
10) Heute Brenthurst und Wohnsitz der Oppenheimer Familie.
11) Heute Sunnyside Park Hotel.
12) Ehemals Wohnsitz von Sir Lionel und Lady Florence Phillips; heute Sitz der Hollard Versicherungsgesellschaft.
13) Benannt nach dem Anführer Dr. Leander Starr Jameson, auch Dr. Jim genannt.
14) *Cecil J. Rhodes*, 5.7.1853–26.3.1902, entstammte einer Pfarrersfamilie, gewann durch den Erwerb der Diamantenfelder in Kimberley politischen Einfluss und ein großes Vermögen, das er in den Dienst der britischen imperialen Idee stellte; siehe Bechuanaland und Rho-

desien. Ab 1890 Premierminister der Kapkolonie, betrieb Rhodes die Einkreisung der Burenrepublik Transvaal (Burenkrieg). Nach dem Scheitern des Jameson Raid trat Rhodes als Premierminister unter dem Druck der Öffentlichkeit zurück.
15) Nach einem im Juni 2005 ausgebrochenen Feuer wurde der Randklub umfassend renoviert. Im Rahmen dieser Renovierungsarbeiten und Neudekoration wurde das Porträt von Königin Elisabeth II. durch das von Nelson Mandela ersetzt.
16) *Mosima Gabriel »Tokyo« Sexwale*, geb. 1953, Mitglied des ANC und erster schwarzer Premierminister der Provinz Gauteng. Trat 1988 als Premierminister zurück und ging in die Wirtschaft; wurde als Hauptanteilseigner und Vorsitzender von Mvelaphanda Holdings einer der reichsten Männer in Südafrika. Wurde am 9. Mai 2009 von Präsident J. Zuma als Minister of Human Settlements in dessen Kabinett berufen. Ist seitdem von allen Ämtern und Aufsichtsratsposten in der Wirtschaft zurückgetreten.
17) *Cyril Ramaphosa*, geb. 17.11.1952, bekannt hauptsächlich für seine Rolle als Verhandlungsführer des ANC im Rahmen von CODESA. Ging 1997 in die Wirtschaft, nachdem er die Nachfolge Mandelas an Thabo Mbeki verloren hatte. Ist Executive Chairman der Sanduka Gruppe sowie Aufsichtsratsmitglied in zahlreichen Gesellschaften, darunter Bidvest, MTN, Standard Bank, SAB Miller, Mondi und Anglo American plc. Laut *The New African Times* beläuft sich sein Privatvermögen auf 100 Millionen Pfund.
18) *Sakumzi J. Macozoma*, geb. 12.5.1957, war Mitglied des Nationalen Executive Committees des ANC von 1991 bis 2008. Schied 1996 aus dem Parlament aus, um die Geschäftsführung von Transnet zu übernehmen. Ist Vorsitzender, z.T. Stellvertretender Vorsitzender von Liberty Life, Stanlib, Standard Bank und Safika Holdings. Sein Privatvermögen wurde 2007 in *Who owns whom in South Africa* auf 579,64 Millionen Rand geschätzt.
19) *Patrice Tlhopane Motsepe*, geb. 28.1.1962, ist der reichste unter den neuen Randlords. Als die *Sunday Times* 2009 sein Privatvermögen mit 14,2 Milliarden Rand angab, hat die Gewerkschaft der Metallverarbeitenden Industrie (NUMSA) die Verstaatlichung seiner Fa. African Rainbow Minerals Ltd. gefordert.

Johannesburg heute

1) Siehe wegen der z.T. abenteuerlichen Legenden um diese Gestalten, einschließlich von Veltheim, F. Addington Symonds *The Johannesburg Story*.
2) Von den Schwarzen bei jeder Gelegenheit benutzte bequeme Erklärung oder auch Ausrede für alle Missstände in Südafrika.
3) Jakob (Jackie) Selebi, ehemaliger Polizeichef Südafrikas und ehema-

liger Präsident von Interpol. Am 10. September 2007 erwirkte der damalige Oberstaatsanwalt Vusi Pikoli einen Haftbefehl gegen Selebi wegen des Verdachts auf Verbindung zu Drogenhandel und organisiertem Verbrechen. Pikoli wurde daraufhin von Präsident Mbeki seines Amtes enthoben, um Selebi zu schützen, der inzwischen angeklagt und noch immer beurlaubt ist.

4) Shirley Bassey: *Never, never, never*, aufgenommen Dezember 1972, United Artists UP 35490.
5) *Group Areas Act*, Gesetz Nr. 41 von 1950, wodurch die Wohn- und Wirtschaftsgebiete nach rassischen Gesichtspunkten den nichtweißen Bevölkerungsgruppen zugewiesen wurden. Das Gesetz wurde am 5. Juni 1991 aufgehoben.
6) *CBD* ist die geläufige Bezeichnung für das Geschäftszentrum einer Großstadt.
7) Anglo American Corporation of South Africa Ltd.
8) Heute Marble Towers.
9) *ESCOM*, Electricity Supply Commission, staatliches Energieversorgungsunternehmen, gegründet am 1. März 1923 durch das Elektrizitätsgesetz von 1922. Liefert ca. 90 % von Südafrikas Strombedarf.
10) Blue IQ Investment Holdings (Pty) Ltd Act, No 5 of 2003.
11) *Little Foot*, Kleiner Fuß, so genannt, weil anfänglich (1994) nur vier kleine Fußknochen des später (1997) fast vollständigen Skeletts eines Urmenschen gefunden wurden.
12) Der Streik, die sogenannte *Rand Rebellion* oder auch *Rand Revolt*, gilt als eines der folgenreichsten Ereignisse in der Geschichte Johannesburgs. 200 Tote und über 1.000 Verletzte hat der Streik gefordert. Mary Fitzgerald wurde verhaftet, weil sie angeblich mit einer Gruppe von Bergarbeitern den Hauptbahnhof von Johannesburg in Brand gesteckt hatte.
13) Passiver Widerstand, der seine Kraft aus der Überzeugung schöpft, für eine gerechte Sache zu kämpfen.
14) *ANC*, African National Congress, gegründet am 8.1.1912. Widerstandsbewegung während der Apartheid; seit 1994 Regierungspartei in der Dreierallianz mit COSATU (Congress of South African Trade Unions) und der Kommunistischen Partei Südafrikas.
15) *UDF*, United Democratic Front, Widerstandsbewegung in den Achtzigerjahren (gegründet 1983), dem ANC nahestehend, aber mehr auf den gewaltlosen (Boykott) als den gewaltsamen Widerstand ausgerichtet.
16) Deutsche Übersetzung der Autobiografie Mandelas *The long Walk to Freedom*.
17) Siehe Anmerkung 5.
18) Selbstverwaltungsgebiete der einzelnen ethnischen Gruppen zur Zeit der Apartheid. Vier davon (Transkei, Venda, Bophuthatswana und Ciskei) erhielten als die sogenannten TVBC Staaten formelle Unab-

hängigkeit. Die anderen sechs (Gazankulu, Kangwane, KwaNdebele, Kwazulu, Lebowa und Qua Qua) hatten ein beschränktes Selbstverwaltungsrecht.
19) *CODESA*, Convention for a Democratic South Africa, beginnend mit einer Plenarsitzung am 20. Dezember 1991 unter dem Vorsitz von drei Richtern und fortgeführt in CODESA II und dem Multi Party Negotiating Forum (MPNF).
20) Chris Hani, 28.6.1942–10.4.1993, Führer der Südafrikanischen Kommunistischen Partei und von Umkhonto we Sizwe, dem bewaffneten Flügel des ANC, wurde am 10.4.1993 ermordet.
21) Walter Max Ulyate Sisulu, 18.5.1912–5.5.2003, Aktivist und Widerstandskämpfer, gründete zusammen mit N. Mandela und O. Tambo 1944 die ANC Youth League und 1960 nach dem Massaker von Sharpeville gemeinsam mit Mandela Umkhonto we Sizwe (MK: *Speer der Nation*). In dem Rivonia-Hochverratsprozess verurteilt zu lebenslanger Haft; Freilassung im Oktober 1989.
22) Bis zur Einführung des Rand am 14.2.1961 war das südafrikanische Pfund die offizielle Währung.
23) *Ubuntu*, ein Humanismus afrikanischer Prägung. Mehr darüber auf Seite 80/81.
24) Vertreter einer afrikanischen Form von Schamanismus. Dabei spielt der Ahnenglaube eine wichtige Rolle, demzufolge Sangomas ihr Wissen von den Ahnen empfangen, wie die Lebenden zu schützen und zu heilen sind.
25) Zur Zeit der Apartheid illegale Bars in den Townships, wo selbst gebrautes Bier und Alkohol ohne die notwendige Lizenz ausgeschenkt wurde.
26) Ein in den Neunzigerjahren in Johannesburg entstandener eigener Sound, der Elemente von Hip-Hop und Rap mit z.T. melodischen Gesangseinlagen verbindet.
27) *Hector Pieterson* war das erste Opfer und gleichzeitig Ikone des Soweto-Aufstandes von 1976.
28) Es ist unklar, woher der Begriff stammt. Toyi toyi ist die Form eines afrikanischen Protesttanzes in einer Gruppe, bei dem die vordere Reihe paradiert und im Rhythmus der Musik wie beim Schattenboxen den Gegner herausfordert. Heute mehr im Sinne eines Vortanzens, um die allgemeine Stimmung zu heben.
29) *Madiba* ist der Name eines Thembu Häuptlings, der in der Transkei regierte und zu dessen Clan Mandela gehört. Heute wird der Name als Ausdruck der Achtung und Verehrung für Mandela gleichermaßen von Schwarzen und Weißen benutzt.
30) Hauptsächlich im Stamm der Pedi gebräuchliche Bezeichnung für einen Versammlungsplatz, um den stammverwandte Familien ihre Hütten kreisförmig anlegen und wo die Regeln für das Zusammenleben festgelegt werden.

31) Aussage auf Video eines ehemaligen Insassen.
32) Ryszard Kapuscinski, *Die Welt im Notizbuch*, Eichborn Verlag, Frankfurt a. M. 2000, Seite 77.
33) Ivor Chipkin, *Do South Africans Exist?* Wits University Press 2007.
34) *Khoi* (Hottentotten) und *San* (Buschmänner), die wegen ihrer rassischen Gemeinsamkeiten in Deutschland oft zusammenfassend Khoi-San genannt werden.
35) Südafrikanische Bezeichnung für *Grillen* (Fleisch auf dem Grill rösten).
36) Heute Soccer City.
37) Bezeichnung für die südafrikanische Rugby-Nationalmannschaft.

Johannesburg morgen

1) Oliver Reginald Tambo, 27.10.1917–24.4.1993, Aktivist und Widerstandskämpfer. Nach Sharpeville 1960 ging Tambo ins Ausland und hat bis zu seiner Rückkehr 1991 die internationalen Vertretungen des ANC aufgebaut.
2) *Yuppies*, Abkürzung für *Young Upward Professionals*, junge, gut bezahlte Fachangestellte mit einem aufwendigen Lebensstil.
3) *Dorothea Sarah Florence Alexandra Lady Phillips*, 14.6.1863–23.8.1940, Frau des Randlords Sir Lionel Phillips.
4) *COSATU*, Congress of South African Trade Unions, gegründet 1985, die größte der drei Hauptgewerkschaften, Teil der sogenannten Tripartite Alliance, die sich aus ANC, COSATU und der Kommunistischen Partei Südafrikas zusammensetzt.
5) Herrenknecht AG, Schwanau, Deutschland.

Alles ist möglich
(Nicht nur, wenn es um die Fußballweltmeisterschaft geht)

1) Motto der Fußballweltmeisterschaft 2010 in Südafrika.
2) Führer der ANC Youth League.
3) Im Oktober 2008 als solche unter 800 Städten weltweit von dem Verband *World Mayors* ausgezeichnet.